DR族 爱情系列

爱你，我敢说一辈子

Darry Ring 著

電子工業出版社
Publishing House of Electronics Industry
北京·BEIJING

01 爱在青春风起时 PART

目。
。录

02 时光盗不走的恋人
PART

03 小故事，真爱情
PART

04 许一个你要的未来 PART

05 有你执手，一生余香 PART

01 爱在青春风起时

PART

1.
你的表白真是烂透了 不过我还是很喜欢

改编/白米饭

“哎，傻瓜，你的表白真的烂透了耶！”

“是吗？那你当时怎么就答应我了？”

“因为我也喜欢你啊。”

初三，他转来我们隔壁班级，据说因为一张夹在闺蜜笔盒里的大头贴而知道了我……

之后，听他说起来，我们曾一次次在校园擦身而过，但却从来没有交流。

中考，我们考到了同一所学校。但是，他在楼上，我在楼下，都是在楼梯上擦身而过……

而我认识他，是在校运动会上，我作为颁奖司仪，为他颁奖。

他很傻傻的在台上比了一个剪刀手，我至今印象深刻，现在想起来也是蛮好笑。

后来听他说，是因为看到我，好像紧张了一下……

就这样到了高三，我们同班，奇怪的是不管怎么换座位，他始终都坐在我前面，拥有全班最大的位置，霸道地坐着，我一度怀疑他是不是鬼变的，怎么就缠上我了。

整个高三，我们无时无刻不在吵架，室友还说“你们真是欢喜冤家”，我还很坚定地反驳：“谁是冤家，冤家可是会在一起的好不好，我才不会！”

可是，命运实在是奇妙。他号称我们班的“物理小王子”，那个时候，我还是很好学的，总是扑上去问他问题，可他总是酷不拉叽地骂我笨，骂我怎么都学不会。

我们为对方吃了好几次的醋，都是因为传说中的“绯闻男友，绯闻女友”。我相信每个人的学生生涯中，总有那么几个被大伙哄着，被大伙闹着说是对方的男女朋友，我们也不例外。

为此，我莫名其妙地冲他发火，1 个月没有理他，后来，不知道为什么莫名其妙的又好了。

上了大学，他去了嘉兴，我去了绍兴，时不时地会电话联系。

后来，他打球赛，我们打赌，进了决赛我就去嘉兴看他打球。

结果真的打进了，他说：他们那里的女生很高，要我穿高跟鞋去。

然后我这个从来不穿高跟鞋的人，蹬着高跟鞋就往前冲了……

到了嘉兴，他带我游了月河，吃了饭。结果，被高跟鞋折磨的走不动路。他说要背我，你可以想象他有多笨吗，我趴到他背上，他手也不动，背也不弯，就直勾勾地往前走了。

我当时就震惊了，我说："哥~~你这叫背吗？有没有看过偶像剧啊，哭！"

第二天，他打球，我去加油。

就这么喊了一上午，走的时候在车站，让我很意外的，他走过来抱了我一下，在我耳边说，一路顺风，然后我就"顺"回去了。

他们冠军庆功宴，喝醉了，他朋友打电话过来跟我说，他对着红绿灯一直说想我，爱我……

其实我是当玩笑听的，因为这实在与他的性格不符，反正现在他自己也死活不承认。

后来，他表白了。先是以书面的形式，我没相信，我以为他在开我玩笑。后来电话打过来，根据他自己的描述，那个时候他旁边站着的都是他的好朋友，在等他告白后的结果，而他是捂着眼睛跟我说的。

他说："我是认真的，做我女朋友吧"，我说："那就在一起吧"。

其实一开始，他是没听清的，他心里设定的答案要么是"好"要不就是"不要"，而我说的恰恰是意料之外……

然后，他问我："你说什么？"，我那个时候也不好意思了，但是我笑了，他似乎也就意识到了。

然后，我们就对着电话笑了。

然后，那些朋友看到他笑，也就意会了，纷纷说“终于啊……终于”。

后来我们聊天的时候讲起那时候的事情。

“哎，傻瓜，你的表白真的烂透了耶！”

“是吗？那你当时怎么就答应我了？”

“因为我也喜欢你啊。”

两个人都不禁笑了。

相识 8 年，相恋 3 年。恋爱的过程中，开心、欢乐我们知道，难过、争吵，我们也一定会有。

我希望得到 DR 的祝福，让我们继续相守接下去的日子。

遇见他，真的很好。

DR Darry Ring 寄语

因为喜欢，再烂的表白在你眼里也是最好的；因为喜欢，再俗套的表白在你心里也是最浪漫的。欢喜冤家蜕变挚爱，还好你们都没放弃。DR 祝福你们永远一直这么幸福下去，相守一生。

2.
岁月它偷走了时间，却没有偷走你

原作者 / V是无敌小芭比

改编 / 白米饭

我的 15 岁遇上了校队 14 号

15 岁，花一样的年纪，我也曾像很多青春懵懂的少女一样，迷恋过篮球场上的一个翩翩少年。

校队 14 号，帅气的身姿，扣起篮来能迷倒一大片女生。用现在的话讲，我绝对是他最忠实的迷妹啊！

那天我和同桌走去上课，路上经过一个篮球场。我眼神随意一飘，就被正在打篮球的他深深地吸引住了。

我就这么一直盯着他看了好久，他好像察觉到有人在看他，停下准备进攻扣篮的脚步，手上拿着篮球，回过头，冲我笑了一笑。

他是那么高，那么清秀，笑起来那么好看，那么温暖，瞬间“秒杀”了我。

同桌走在前面发现我没跟上，“你快点儿啊，干嘛呢，都快迟到了！”

我猛地惊醒，“啊？哦，马上来！”

那时候我刚上高一，女生们都特爱八卦，当然我也有个八卦小分队，通过八卦小分队我很快就知道他是比我高一届的学长。

然后我每天就像花痴一样站在我们班窗户旁望着篮球场,努力寻找他的身影。

即使大热天也喜欢在中午时下楼，去看操场上有没有他。

午休时间一到，我总是第一个跑出去，看看他是否在校门口。

那时候我第一次发现，原来喜欢一个人是这样的感觉啊。

我总能在人潮拥挤中第一眼就找到了他，

我总能为了只看他一眼就在某个地方等好久好久，

我好像拥有了无限的勇气去做以前不敢做的事。

即使我所做的这些，他都不曾知晓，但却心甘情愿。

整整十年，他就像个活死人一样躺在我的好友列表里

一年之后，也不知道他去了哪里，反正是看不到了。

我四处拜托同学打听他的消息，后来她们给了我他的 QQ 号码。

那时候电脑还是个很稀奇的东西，只有网吧里才有，普通家庭一般都没有。

我手里紧紧攥着那张写着他 QQ 号码的小纸条，去了一个破网吧，加了他的 QQ。

那是我第一次去网吧，也是我第一次觉得离他那么近。

我小心翼翼地一个一个数字地对着电脑输入他的 QQ 号码，点击搜索，战战兢兢地等待着他的回应。当看到系统显示他已加我为好友的提示时，你不知道那一刻我是多么的激动，手心一直在冒汗。

点开对话框，该说点什么呢？因为太紧张，手指都不听我使唤了，一度怀疑输入法有问题。好一会儿才在输入框里打出了“你好”两个字，想想不对，又改成“你好，你还记得我吗？”又转念一想，还是不对，我这么没有存在感的人，他怎么会记得我。要么说“嗨”吧，显得亲和一点？想着好像也不对，纠结到快疯狂的时候，手一不小心拍到了“Enter”键上，向他发出了一个“嗨”。

他居然回复我了！可是总觉得他对我爱搭不理的，内心有些小失落。我以为他嫌我烦，渐渐地也不敢再找他聊天了。

后来长达十年的时间里我们都没有任何一点交集，遗忘好像是自然规律，但无论是谁提起你，还是自己记起你，我的第一反应都是：这个人我很喜欢。

命运总是会给我们一个再次相遇的理由

我以为从此我们就再也没有交集的理由了，恐怕就连打声招呼都变得多余吧。

直到有天我去北京玩，在空间里发了一条“说说”：北京，我来啦！有在北京的童鞋出来迎接我吧！

就是这一条说说，是我们命运的交点，也是我们爱情的起点！

因为他回复我了，并且说要给我当导游！从此原本以为平行得再也毫无瓜葛的两条线突然有一天相交了！

他带我游故宫、爬长城，为我在天安门前拍照，两个人像话唠一样从早聊到晚。没想到两个性格、想法那么像的人，居然这么合拍。

见到他的那一刻，我就知道爱情在我心底从来就没有死去，也在他心里悄悄发了芽。

我以为他只是我生命中的一个过客，没想到命运却注定让我们停留在一起。

丑小鸭没有变成白天鹅，却成为了他的公主

跟他在一起就像做梦一样。Excuse？我这种没有存在感的女生也能得到“男神”的青睐，这要在以前，我肯定兴奋得绕地球两圈。

所以常常觉得自己不知道是上辈子积了什么福，居然能得到他这般宠爱。

以前觉得他对于我来说是可望而不可及的，因为那时的我很丑，连我爸爸都说我是丑小鸭，而他却能接受我的一切。

长大之后，丑小鸭依然没有变成白天鹅，但却幸运地成为了他的小公主。

他总是让着我，宠着我。

他能接受我的一切。

我的任性，我的胡闹，我的坏脾气。

甚至很多事他都会想在我面前，不用我说，他都会帮我安排好。

我总觉得自己哪哪不好，但他总会跟我讲，我没有哪里不好，只是没遇见懂你的人。

是啊，不管你是什么样的，即使在别人眼里再怎么糟糕，遇见一个懂你的人，

他总会明白你的好。

我已不再是 15 岁的我，而他也不再是校队 14 号。十年之久，我以为他早就不属于我的世界范围，幸好，岁月它偷走了时间，却没有偷走你。

Darry Ring
寄 语

命中注定要在一起的两个人，不管绕多大的圈都还会再相遇。此生能得一人如此疼爱，是我们的幸运，愿好好珍惜。

3.
我真的恨死异地恋了，可我爱你啊！

原作者 / 宿琪 Qi

改编 / 白米饭

我的手机“嗡”地震动了一下，我气得想看又不想看。

最后还是忍不住点开了那一条信息：“傻瓜，我们的异地恋开始了，你准备好了吗？”

当时我的内心就是：准备你妹啊准备！于是果断地给他回复了一句：“既然你选择了远方，我放你飞！”

然后“啪”的一声，关掉手机，扔到桌上。倒在床上，我用被子闷住头，试图阻挡快要滴落的眼泪，关于我和他的往事却不听使唤地涌上心头。

2010 年 11 月 21 日，高一。

是的，我们早恋了。

大冬天，就记得我们一起站在班主任办公室的门前等着挨骂。

脸上被寒风吹得早已失去了知觉，牙齿一直在打架。他比我更惨，因为那天他只穿了一件短袖加一件薄外套。

我们就那样手牵手站着，他问了我一句“冷吗”，我觉得特别暖，那时候我就觉得没什么能比和他在一起更重要的了。

可是现在呢？！我五个志愿填的都是省内，为的就是两个人可以离得近一些，可他却被江西的一所学校录取了！

都说择一城终老，遇一人白首。真爱一个人，难道不应该是为了她，无论如何都要坚持留下来的吗？如今我们都要分开两座城了，要如何白首？

我越想越气，越想越委屈，冷战了两天，却在那一天不约而同地来到了曾经一起上高中的学校。

他说："你看，那是我们曾经在一起的地方，那时候我们怕老师怕家长，现在我们终于可以光明正大的在一起了，而你却要离开了。"

泪水在我眼里打转，"不是我要离开，是你先离开的！你都要去那么远的地方了，你完全就没有考虑过我对不对！"我一边冲他喊一边用力地甩开他。

他一把抱住我，"我没有不管你，只要有感情，我们不怕距离。"

我捶打着他的胸膛，用手掐他的手臂，咬他的手腕，可是任凭我怎么挣扎他都不放开。

三年多的感情我又怎能说放就放？罢了，异地就异地吧，只要两个人的心始终都在一起，就算异地又如何呢。

好像我也只能这么安慰自己了。

一个江西一个黑龙江，两颗心，隔着 3000 多公里的距离。

我的大学没有他的陪伴，把我曾经关于校园浪漫爱情的幻想全都泯灭了。

我幻想着我们可以牵手一起在大学校园里漫步，

我幻想着我们可以一起在食堂里吃饭，

我幻想着我们可以一起去图书馆"啃"知识，

可是，这一切都是幻想。

他说"距离产生美"。但事实上，距离带给我的更多是害怕，害怕他会离开，

害怕我们撑不过去。

我讨厌这该死的异地恋，那些不安全感，那些心酸感，那些无助感把我折磨得遍体鳞伤。

吵过很多次架，也闹过几次分手，可是最终还是舍不得。

他说过“只有你不要我，我永远都不会不要你”。

能怎样呢？就为他的这一句话，我愣是坚持了下来。

我真的恨死异地恋了，可我是真的爱他啊！

每一次相聚的日子都来之不易，一分一秒都不敢浪费。

一般男孩子做事都毛手毛脚的，而他却愿意为我下厨。

看他细心查阅菜谱的认真模样，吃到他做的香香的饭菜，

那时候我才真的明白，如果一个男人真的爱你，即使平时他再怎么粗心大意，但对你一定是最温柔细腻的。

有一次他来看我，下雨天我们都没带伞，他就把自己的衣服脱下来给我挡雨。

奔跑在瓢泊的大雨里，心里却觉得特别开心，因为这样的瞬间对我们来说实在是太难得了。

就像别人说的“你住的城市下雨了，很想问你有没有带伞。可是我忍住了，因为我怕你说没带，而我又无能为力，就像是我爱你，却给不到你想要的陪伴。”

陪伴，对于异地恋来说就像是一种昂贵无比的奢侈品，能够得到它的机会少得可怜。

只要他在我身边，就算淋雨我都觉得很满足。

他说他不知道 DR 钻戒是什么，

我说那就是你一生只能买一枚的戒指，

我希望它能戴在我的手上，不用多贵重，

因为它是一枚凭你的身份证才能买到的戒指，

而且只能买一枚不能再买第二枚，代表一生只爱一人。

我们经历过无数的争吵，却总是因对方的那一句“对不起”而妥协，

我们有过很多的阻碍，但还是被那许久才有一次的拥抱而融化。

如今我们马上就要结束异地恋，走向婚姻的殿堂了。

他说他已经为我定制了一枚 DR 钻戒，就等着婚礼那天为我戴上，然后再也不会放开我了。

我只能说我们是幸运的，因为我们到底还是撑过来了。

其实异地恋，只要熬过去了就是幸福。可惜，很多人的爱情都死在了煎熬的路上。

DR
Darry Ring
寄 语

有人说异地恋是天南地北都能聊，唯独未来二字绝不能提。可是三年的时光你们不是也熬过来了吗？不怕距离，不畏时间，正是经历了旁人所不知的那些心酸苦楚，才让彼此更加懂得珍惜对方。这一路走来不容易，幸运的是他许诺的“未来”真的实现了。

4.

北方的呆子，南方的沙子

原作者 / 万莎莎 hello

改编 / 被窝里的一只袜子

初二的那一年，我见到了一个北方男孩。

身为南方人的我，很好奇他说的那种舌头打卷的北方腔调。

他是一个转校生，和印象中北方人都很高不同，他个子小小的，眼睛也小小的。

然而就像同学们传的那句话一样，仿佛“个子小的人都学习很好”，他成绩优异，在班级里数一数二，与成绩普通、爱玩爱闹的我截然不同。

初三那张和你作对的纸

如果说，每个女孩的少女时代都要留下些东西，作为对青春划过的刻印来纪念，一本日记、一个装满千纸鹤的许愿瓶、一串和死党一起编织的手链……那么，我的青春就想用一张整洁泛黄的纸来回味。

初中的你像许多优等生一样，带着点因成绩突出而带来的优越感。第一次与你主动搭话是为了问一道数学题，爱玩的我在初三那种紧张氛围下也不得不疯狂努力学习。然而最开始的你，却是带着些不耐烦地说：“这个不是你能看得懂的，别挡着我。”

那时我真是讨厌你啊，成绩棒好像是你与生俱来的天赋，不就是成绩好一点嘛，拽什么拽！

但是好像年少的爱恋就是从“我讨厌你”开始的。

我开始找各种机会欺负你，处处与你作对，我就像一个痞痞的坏女孩一样故意调侃作为一个乖乖的优等生的你。

小滕子，小太监，小呆子。

前后桌这种设定向来是容易“滋生”早恋的绝佳位置。

重新排位置后，你成为了我的前桌，不欺负你简直都对不起我心里的那点小邪恶。那一天早自习，紧急默写单词。

你拿出的笔记本还是崭新的，我也早已经准备好默写用的纸张，但我就想和你作对啊，耽误一下你默写的时间嘛。我就故意用笔捅你背后：“小滕子，撕一张纸给我。”

你一点犹豫都没有就从崭新的笔记本上撕了一张整整齐齐的纸给我。

后来，这张纸被我整整齐齐地夹在书里，保存至今。

明明距离变远了，为什么你的心开始靠近了

距离是一个很微妙的东西，近了未必会亲密，远了未必会生疏。

你理所当然去了重点高中，我狂学一年也只能砸钱进私立高中。距离在慢慢拉远我们的人生轨迹，我谈过两个男朋友，成绩一落千丈，而你学习用功，努力上进。

按照正常的剧情设定，该是我们两个渐行渐远才对，毕竟你高考考上了浙江的重点本科，我却落榜只能读专科。

然而初中同学聚会你为什么对着我脸红了呢？

我看见你躲在学校的小门那里不敢出来。当时我不知道什么是爱情，只是因为你的举动，让我心跳漏掉一拍。之后很多次聚会，你都是非常胆小地躲起来，

或者走在后面。

高三的暑假，仿佛有什么变得不一样了，那是你第一次主动地靠近。

你打来电话，好像是一气呵成的：“莎莎，杨明的升学宴请你来哦。”

“为什么他的升学宴是你给我打电话啊？”

“……你来就是了”，你支支吾吾地说。

结果，这个升学宴根本就是你为了接近我，强迫人家请我来的啊。

大大的圆桌子，你坐我对面，不说一句话，只顾低头吃饭。

最后整个宴席你只和我说了一句话：

“莎莎，这边，楼上这边！”

呆子和沙子

情侣之间叫绰号是一种甜蜜的套路，每一个恋爱进行时的女生心中都有专属于自己的那一只“呆子”。

呆子，你快承认，是不是从高中就对我心怀不轨了呢？要不怎么一上了大学，你就开始给我频繁发语音和短信。

“你怎么那么笨啊，叫你呆子好了。”

“莎莎，你不能这样啊，我叫呆子你岂不是‘傻子’了？”

“你敢？”

“……叫你沙子好了，海滩上太阳一照就温暖的小沙子，多可爱。”

“……去你的。”

天天找我聊天却不懂如何讨女孩子欢心，我大概也是蛮喜欢你笨拙却可爱的样子，于是我在所有通讯录上都给你备注了“呆子”，直接导致我家人也管你叫这个爱称。

有时候，现实里的告白不像电影那么跌宕起伏，有时候，告白就是一种水到渠成的事情。

那个冬天，我躲在被子里和你聊天，你总问我闺蜜的事情。

“你是不是喜欢我闺蜜啊，我可以帮忙撮合的啊”。

“才不是，是陆宪喜欢你闺蜜，我帮忙问的”。

我心里有点窃喜：

“那你喜欢谁啊，我帮你撮合咯”。

你发来的语音信息带着一点颤抖：

“我喜欢你。”

忽然夜晚变得更安静了，我的脸一直在发烫，不知道那一天你是否也兴奋得一晚睡不着呢？

每个人的 0214 都是独一无二的 0214

即使我们像大多数情侣一样，在一个平凡的情人节里确定了关系，但对于我们来说，度过的 0214 依然独一无二。

2013 年的“0214”，在 KTV，你用一首《愿得一心人》“拿下”了我。

“你愿意做我的女朋友吗？”

我看着你递过来的手，犹豫了许久，不是不够喜欢，而是感觉这一刻的你我，好像突然成为了电影里的男女主角。

我把手伸向你温暖的手掌，那一瞬仿佛就是一个能回忆一生的慢镜头。

我相信你会和紫霞仙子说的一样，踏着七彩祥云拿着 DR 钻戒来娶我

异地恋的情侣们都对恋爱有独特的感受，我的感受是，因为和你异地恋，所以我变得害怕火车站。

分离的日子说来就来，读专科的我决定去深圳闯荡，读本科的你还在大学交游。我害怕去火车站，每一次的分离都在提醒，我们之间隔了多少纬度在相爱。

但分离也让相见的记忆愈加清晰。

2014 年 7 月，你花掉了一半生活费来深圳看我，还记得小梅沙吗？那里盛满了碧海蓝天，盛满了我们一起逛街吃小吃的记忆。

2015 年 2 月 14 日，是我一生都难忘的纪念日——你动用了所有人脉，找全了国内各地，甚至是国外的朋友，拜托他们在纸上写下“可爱的小沙子，情人节快乐”，拍照发送给你。

然后你把照片剪贴到了世界地图上，送给我一份“全世界的祝福地图”。

你说，全世界的人都在祝福我们。

全世界的人都在祝福我们，如果我们不能相爱一辈子，多对不起全世界啊！

我还记得，你曾清晨起了个大早，把给我全家人买的早餐挂在大门上。

我还记得，是你把我当孩子一样宠，旅游的时候帮我洗衣服、系鞋带。

我还记得，是你一手撑伞，一手拦着我的腰，伞外雨声沥沥，伞内寂静如水。

我还记得，你大学时曾说过，要送我一枚独一无二的戒指，一枚一生只爱一人的 DR 钻戒。

我相信你会和紫霞仙子说的一样，有一天会踏着七彩祥云拿着 DR 钻戒来娶我。

DR Darry Ring 寄语

青梅竹马般的恋爱总是充满青涩回忆与温馨感动，相爱的坚持让短短的人生拥有无限的回忆。一天的爱只是好感，一年的爱只是喜欢，一生的爱才是真正的爱。愿身为 DR 族的你们爱无尽，情无终。

5.
I Wanna Be With You

改编 /Candy

每个人都会找到一个对的人，那个人会对你好，去哪里都拉紧你的手，一日三餐陪你吃饭，爱听你唱歌，总想保护你，给你最好的生活。和这样的人在一起，会感觉到真切的安心。
而这，就是我想和你在一起的原因。世界那么大，我只想待在你的身边。

我和你，频率如此接近

那是个春意盎然的午后，我们坐在绿茵茵的足球场边，一边看着别人练习足球，一边漫无边际地聊着天。

一个话题结束时，我们都安静下来，伴随着进球带来的欢呼声，我猛然听到你说了一句："我喜欢你，做我女朋友吧。"带着紧张的语气，你的眼神充满了真诚。

那一刻，周围的空气好像凝固了。我低下了头，不敢看你。

我知道自己的耳朵肯定变得通红，怎么躲也不能掩饰我的紧张。

天知道我曾幻想过这一个场景多少遍。

这半年来的相处，就像一场电影，回忆一幕幕闪过。

我们在同一个部门，你总在众人的调侃下护着我；宣传摆摊时你会主动帮我拿东西，给我买水；每次熬夜工作，你都要陪着我，直到完成才和我道晚安。

加油!

你的温柔体贴，一点一滴渗入我的生活，累积成了习惯。一天又一天的陪伴，你就像触手可得的幸福。我对你，也从最初的好感，变成了喜欢。

可是此刻，当你真正对我表白时，我却紧张得一句话都说不出来。

安静的时间如流水一样走过，应该过了一分钟，我缓缓点了点头，再偷偷地看着你，你对着我傻傻地笑，天真又幸福。

回去的路上，繁星满天，我们并肩走在图书馆蜿蜒的小道上。

你走在我的右边，我能够感觉到你渐渐地靠近我。

虽然还是很紧张，但这次我不再躲开。

我感受到你的手，紧紧地牵着我。你的体温，比我高了一度，我的心跳漏了一拍。

你说，这是你第一次体会到别人口中所说的“被电流击中”的感觉。

我笑了，不再紧张，走在你的左边，是离你心跳最近的一侧。

从此，我不再是一个人，你早已融入我的生活。

我们的频率，如此接近。

赖着你，在你怀里顽皮嬉戏

学期快结束的时候，部门组织出去玩，晚上大家住在一栋别墅里。

我们玩得昏天暗地，直到凌晨三点才停歇，一个个在客厅东倒西歪。

你却强打起精神，给我打来热水泡脚，帮我把脚擦干；贴心地给我挤好牙膏刷牙，拧干毛巾洗脸；洗完头后，你又担心我着凉，特别用“温热”级别的吹风筒给我吹头发……即使招来了其他人羡慕嫉妒恨的目光，你也不在意。

作为当事人之一，我也学习了你的厚脸皮，安心享受着你的 VIP 服务。

只是想到以后我们不在同一个部门，没有那么多时间可以待在一起，我就开始伤心。

可你总会摸摸我的头说，不会的，你一定会挤出时间给我。

你一直都是这样的人，无论何时都会第一个照顾我的感受。

你对我说的每一句暖心的话，为我做的每一件温暖的事，我都深深收藏在心底。

我只想一直赖着你，在你怀里尽情嬉戏。因为我知道，你一定会敞开双臂，容纳我的所有。

只想和你在一起

爱你好幸福，想要和你有个家，建造属于我们的小屋。

爱你好满足，有你的呵护，我不再孤独。

我们在一起快两年了，虽然也吵过闹过，却能在第二天就和好如初。

你包容我的不足，拥抱我的不安，愿意为我遮风挡雨，也愿意让我无条件依赖。

只要有你的陪伴，我什么都不怕。

DR Darry Ring 寄语

当爱你变成了习惯，每日相处的点滴都成了我们的默契。无论去哪里，I wanna be with you. 陪伴是无声的，却是最长情的诺言。

6.
有你，才有了我的青春

改编 /Candy

我这一副沉鱼落雁的脸蛋，你这么小的眼睛还敢拒绝我

作为一个经常跟着隔壁大哥哥一起玩的小屁孩，我也认识了哥哥的一些好哥们。

男票就是其中之一。

还记得第一次见面，是初三的暑假。我跑到隔壁找哥哥玩，看到他正在和朋友打游戏。

那时坐在电脑前的正是男票，只见他一手熟练地将敌人击退，帅气地打通了一关又一关。

我在旁边看呆了，那认真的侧脸就这样把我吸引，成功捕获了我的少女心。

后来虽然常常一起玩，但我在他眼中，不过是个很一般的小女孩吧。

直到上了高中，才发现原来我们在同一所学校。

对我来说，哪天能在学校碰到他，哪天就是我的幸运日。

每一次打招呼，我心里都会小鹿乱撞，向他露出最完美的笑容。

但他却像平常那样，眼神中不带一丝欣喜，让我的热情扑了个空。

那可是我在家对着镜子练习过很多遍的标准微笑啊！

为了更加了解他，我还经常向哥哥打听他的学习情况，当然包括“他有没有喜欢的人”这种小八卦。

在确保他没有喜欢的人之后，我鼓起勇气递给他一封画着无数粉红爱心的情书。

结果，惨不忍睹地，我被狠狠地拒绝了。

怎么说我也是有一副沉鱼落雁的脸蛋，你这么小的眼睛还胆敢拒绝我！

气归气，可是对这个无情的家伙，我还是无法放弃，继续像个小迷妹一样，默默地关注着他的一举一动。

他打球，我送水。他吃饭，我偷偷跟在后面，再假装偶遇。

他生日，我用心准备惊喜，却成了他的惊吓。

他曾不止一次向我暗示，作为一个女生，应该收敛一点。

但是我就是要让他身边的女生知道，有我在，谁都别想抢走他。

直到他高三毕业了，才摆脱我这个小迷妹神出鬼没的跟随。

就算你表白了，我也要狠狠地拒绝你

上了大学的我们，看过更多的风景，也脱掉了一些幼稚的气息。

但是我作为迷妹的身份还是没有改变，在努力了一年之后终于考上了他的大学。

从此，我又开始追随他的脚步。他虽无可奈何，也只能让我为所欲为。

渐渐地，他会请我吃饭，看着我的眼神也有了一点点改变，不再是高中时那个冷酷无情的表情，好像变得温柔了一点。

难道他开始接受我了？我带着这样的心情继续不屈不挠地追着他。

有次和他聊天，我嘲笑他到现在还没有女朋友，是不是没人要了？

他突然说了句：“给你你要不要？”

突如其来的表白，虽然很像开玩笑的口吻，但是我了解他，绝不会轻易地对一个女生说出这样的话，何况那还是我。

我鼻子有点发酸，就像知道高考成绩足以与他读同一所大学的那个时刻，我的付出终于有了回报。刚想和他说：“要啊，当然要！”

但在那一瞬间，我想起了被他拒绝那么多次的我，便下定决心，我也要狠狠地拒绝他，让他也尝尝伤心是什么滋味。

三个月过后，2013 年的最后一天，我才“勉强”回应了他，正式在一起了。

他说，不仅要陪我跨过“1314”，还有以后的每一年。

没想到高中时那个看起来很冷酷的家伙，竟也会说出这么暖心的话。

真不枉我坚持了那么久，只为等到他属于我的这一天。

有你陪着我回忆青春，那就不算辜负

现在的他会陪我回忆高中的生活，说起当初那个傻傻的，只想努力靠近他的女孩。

他在一旁偷笑，我只能默默懊恼，怎么就被他抓住把柄了呢！

“你不怕我一直冷酷到底，白白浪费了这几年的青春吗？”他至今仍不解我为何非要一路紧跟着他。

他永远都不会明白，爱情就是一个少女的一生革命呀。

从第一次被他击中少女心的那个暑假，我就决定，这个侧脸被我承包了！

我无畏地说：“不怕呀，因为我知道，你一定会拜倒在我的石榴裙下的，这只是时间问题。”

我笑得一脸灿烂，想起曾经看过的一句话，青春就是这样，好得像是无论怎样度过都会被浪费。那么，不如浪费在你身上，你就是我的整个青春。

Darry Ring 寄语

美好的初次见面，一直坚持的追求，终于得到了想要的结果。所以，还在小鹿乱撞纠结该不该表白的你，快去说出自己的心声吧！像故事里的女主，让我们敬她一杯酒！那个死心塌地的，敢爱敢恨的女孩。

7.
让我们从青涩时光走到白发苍苍

改编 /Candy

“能拥抱的时候就不要只是牵手，能接吻的时候就不要只是说话。”

看到这一句话时，瞬间觉得心都温柔起来。第一个想起的人，就是你。将近八年的深情，你做到了 DR 钻戒想表达的信念，将爱全都给了我一个人。

遇见你的那一年，我初二，你初一，你说你是在校园打扫卫生区的时候开始注意到我，然后千翻百转地打听到我的 QQ 号，开始每天在网上打招呼。

当时的我，从一开始的抵触，到渐渐被你的幽默逗乐，从而有了好感，后来就变成了喜欢，成为了一种习惯。想要放弃的时候，还是会忍不住地去喜欢你。

习惯了你每天风雨无阻的从学校北边到南边早早地出现在我家门口，然后骑着自行车载着我一起吃早饭去学校。

习惯了不爱学习的你，却主动找老师申请在学校上晚自习，只为放学骑着自行车送我回家。

习惯了为了能挤出更多的时间在一起，我们总是走最远的一条小路上学、回家。

习惯了每天半夜准时起床偷偷跑去有电话的房间给你打电话聊天，那种又害怕被爸妈发现又不舍得挂掉电话的心情，现在还印象深刻。

习惯了每节课下课时，就可以看到在教室门口站着的你。

然而，同校的幸福时光转瞬即逝。人生总要面临很多的离别，我们也不例外。在不同的学校里，我时常闹别扭，只是因为渴望存在感；我故意说反话，只为了让你更加关心我。但是你都知道，我那些违心说出口的嫌弃，都是我说不出口的在意。

2011年，再一次面临毕业，分开，这一次不是200公里的异地，而是850公里。我不知道这是一个什么概念，只知道很远，坐火车要坐十几个小时，也不知道西安是个什么样的城市，只知道是一个没有你的城市，是一个不能随时就能看见你的城市。

我问你：“我们会分开吗？”

你很坚决地对我说：“不会，只要有时间我就会出现在你面前。”

你说到做到了。

从大一到大三，三年时间，没有想象中那么顺利。但唯一让我欣慰的是，不管怎样，在我真正遇到困难的时候，你都会立马出现。在平常的时候你依然给我制造无数惊喜和感动。

你知道我怕冷，便在冬天给我寄来手套、耳暖、口罩，你说，你不能像别的男生一样可以随时给女朋友温暖，那就让它们在你不在我身边的时候代替你。

你知道我有时很在意细节喜欢浪漫，所以你总是想方设法地在大大小小的节日和纪念日里给我这样或那样的感动和惊喜。

你知道我喜欢旅游，喜欢和你穿着情侣装走遍大街小巷，所以你总是在我想走就走的时候，没有一句怨言地陪着我去我想去的地方，穿着情侣装很享受地和我一起走过大街小巷。

2014 年 12 月 29 日，我们相爱的第 2799 天，你拿着一枚一生只能送一人的 DR 钻戒单膝跪在我面前守着我们那么多的好朋友对我说：“王冲嫁给我”。

所有人都在说着你多么好，我当然知道，这辈子不会再有第二个这样的你出现。这些年你把所有的浪漫和耐心全部给予了我一人，这一天你等得太辛苦坚持的也太辛苦，从所有人的反对到现在所有人的祝福，这一路的酸甜苦辣，只有我们自己可以体会。

因为你，我从没有怀疑过爱，也从没有过等待。那个青春年少爱上的人，不再是横冲直撞的少年，而是用这些年的沉淀与努力，向所有人证明十四岁的爱情不是叛逆，是我们如此幸运的，在很早的时间里遇到了对的人。

Darry Ring 寄语

年少时喜欢上的人，大多在后来的路上渐渐走散。能够与初恋结婚，或许只有百分之一的概率，而你们就是其中之一。以后的日子里，让 DR 钻戒继续陪你们幸福地走下去。

8.
匆匆那年，遇见你

改编 /Mango

与他认识，来自于同班的缘分。

说起来，还要感谢我们的大媒人——“数分”老师。

因为一节数学分析课，我与他才算真正地相识了。

在那节课上，老师谈起河南各地的师范大学。

说到焦作时，老师有点忘记是焦作师范还是焦作师专了。

我和他异口同声地说：“是师专！”

当时我很吃惊，扭头看他，害羞地笑了一下，小心脏扑通扑通乱跳。

有什么想对我说的没？

我喜欢你。

后来聊天才发现，原来我们是在同一所高中的隔壁班，却和对方完美错过。

是那时候缘分未到吧。命中注定，我们要在大学里遇到彼此。

他是个头脑简单、四肢发达的体育委员，呆萌呆萌的。

虽说不善言辞，我却莫名地被他这股傻气吸引了。

遇上他，我不得不舍弃我内敛羞涩的气质，化身成积极主动的女汉子。

他回家，我会主动打电话问他到哪了，还嘲笑他别坐错公交。

和他打电话时我总是会莫名其妙地傻笑。

听到他声音，幸福感就油然而生。

可是这个木头人，还是不懂我的心思。

有一次，我参加了校园歌手比赛，一整天都要彩排，他很贴心地帮我带了饼干和牛奶。

炎炎夏日，他就在后台陪我，虽然没有聊什么，却莫名给了我很大的勇气。

后来他因为要开会，不得不先离开。

说实话，当时挺失落的。

很久以后我才知道，他当时让一个朋友录了音，直到现在还珍藏着我唱的《发如雪》。

我却没勇气再听一次，可是他都会说："多好听啊，可惜当时没能够在现场听到。"

我心里乐呵呵的，觉得就算当时没得奖也没关系了。

之后的我依旧主动出击，给他发短信，给他带饭，创造一切机会让他明白我的心意。

上课时我还会专门凑过去和他坐在一起，后来我觉得明明可以挑明了，他就是沉默不语。

难道我表现得还不够明显吗！我都快摔桌子了，他还那么沉得住气！

一气之下我就发短信问他："有什么想对我说的没？"

等了一会儿，手机震动，我急忙打开收件箱，是他发来的："有啊，我……我喜欢你。"

当时的我，看着这条信息傻傻地笑了一下午。大家都以为我单身太久，好不容易谈个恋爱都要开心疯了。

这当然是原因之一，但是更重要的是，和我谈恋爱的对象是我努力追了这么久，一直木讷的不善言辞的他呀。如今能够将他点醒，也算是迈出了一大步。

现在想想，当时的我们就像《匆匆那年》那样单纯。浪漫的校园爱情就此开始。

你许了什么愿望？

我的愿望是：红红的毕业证跟红红的结婚证一起拿。

他的生日赶在了毕业之前，这是我们作为学生最后一次庆祝生日了。

我早早地准备了一个蛋糕，在我们常常聊天的草地上。

看着繁星点点，周围的人都是我们当年的青涩相遇时的模样。

想起和他在一起的这两年里，每一天都是开心的，大笑着的。

我说我的腹肌都是笑出来的，他贱贱地反击："肥肉倒是有，腹肌还没见着。"

为何曾经那个笨嘴笨舌的他，现在却学会了攻击我？我很不服。

在他吹灭蜡烛之后，我问他："许了什么愿望呀？"

他一脸期待地说："我希望，红红的毕业证与红红的结婚证一起拿。"

我心里很感动，却还要嘴硬："这也太快了吧？考验期还没结束呢。"

他很无奈："烤成什么样才算熟？有烧焦味了你就满意了是吧。"

其实我心里早就决定，他是我想要携手走下去的那个人。结婚证上的名字，会是我和他。

自从关注了 DR 钻戒，每次看到 DR 钻戒的微博，他都会跟我说："将来我们也要有自己的专属，我要给你独一无二的、最好的爱。"

大学时光，匆匆而过。但是有了他，我没有一丝丝遗憾。一路走来，我们就像一对欢喜冤家，吵吵闹闹。

一辈子最幸运的事，莫过于找到一个合适又舒心的人。而他，就是我的小幸运。

DR 钻戒想表达的，就是这个意思吧。

DR Darry Ring 寄语

纯纯的校园爱情，没有利益，没有复杂的世界，最令人向往了！希望 DR 钻戒能够成为你们爱的见证人，陪着你们一辈子幸福地走下去。

9.
沐橘之恋

改编 /Mango

沐沐小姐是处女座，橘子先生是天秤座。众所周知，处女座的人追求完美，是个喜欢享受浪漫的人。当沐沐小姐看到 DR 钻戒的理念时，就被这份唯一的含义吸引了。女生呀，明明知道对方已经将自己捧在手心，却还是想通过某些事物来证明自己的独特性。沐沐小姐幻想着有那么一天，橘子先生会拿着这样一枚唯一的戒指，帅气地走到她面前，霸气地对她说："嫁给我！"那个时刻，沐沐小姐一定会流下感动的眼泪，毫不犹豫地回答："Yes！"

然而，橘子先生作为一个天秤座男生，有着温柔稳重的特性，却不是浪漫的类型。想象跟现实有那么一点点差距，但是，沐沐小姐还是死心塌地爱上了他。有一种男人，不会甜言蜜语，甚至不会轰轰烈烈地去爱一个人。但他就是会潜移默化地深入你的生活，关注你生活的每一个细节，让你习惯他的存在，再难想象离开他以后的生活。

沐沐小姐和橘子先生就读于同一所大学的不同专业。每当有晚自习，橘子先生都会在教室门口等待沐沐小姐，风雨无阻。冬天的严寒，常常冻得橘子先生鼻子通红，下课还会看到他在那里走来走去地取暖，手也来回搓着。

"要不，你以后就不用等我了。你都冻成这样了。"

"不行，不等你我不放心。"

"有什么不放心的呀，下课路上还有很多人。我还有室友呢。"

“不要，我就是要陪你走这段路。”

橘子先生不给她反驳的机会，牵过沐沐小姐的手，将她的双手放进外套的口袋里，怕她也冻着。说了一路，沐沐小姐还是说服不了他。回到宿舍后，她突然想到，自己可以给他织一副手套呀。说做就做，沐沐小姐开始寻找附近卖毛线的地方，在网上找织手套的教程，还寻求了伟大室友的帮助。在室友的指导下，从笨拙的一针一线，到自己可以掌控织法，穿梭自如。

那段日子里，沐沐小姐一回到宿舍就拿起手中的毛线，把橘子先生晾在一旁，好几次他说了晚安之后，她还没停下手里的活儿。

“你最近都在干嘛呢，回宿舍后就不找我聊天了。”橘子先生委屈地说道。

“乖啦，过段时间你就知道啦！”想到他戴上她亲手织的手套，沐沐小姐心里就一阵偷笑。

忙碌的两个星期过去了，向来手工就很差的沐沐小姐，终于完成了人生中的第一个大作——带有 J 字的手套！在日日夜夜的不懈努力下，她用被寒冬冻得僵硬的双手，织出了超级暖和的手套。“终于完工啦！这样橘子先生就不会被冷到了。”她带着甜甜的微笑，倒头就睡。

晚自习下课，橘子先生在教室门口等她，双手放在口袋里。看到沐沐小姐出来了，便过来要牵她的手。

“等……等等！”沐沐小姐秀出一双蓝色手套，上面还扭扭歪歪地写着一个“J”。

“这个，是你自己织的吗？”橘子先生看到这双手套粗糙的做工，在外面也买不到，便猜准了是她的处女作。

“哎你怎么一眼就看出来了，看我多厉害，还有个属于你的 J 呢，这段时间啊我都在忙这个……”沐沐小姐开始说这段时间的辛苦。橘子先生却牵过她的手，将一只手套戴在她的手上，另一只戴在自己的手上，剩下的两只手，紧紧牵在一起。

“辛苦你啦，好暖。”听到橘子先生这么认真的话语，沐沐小姐反倒红了脸。

冬天的寒风还在吹着，心中的温暖，却足以抵抗这严寒。

这回，是沐沐小姐浪漫的手段赢了一局。但是橘子先生却是用生活中的每一个细节，体现了他独有的浪漫。炎炎夏日，橘子先生会为她打伞，与她一起吃西瓜，在草地上聊天，数星星。寒风凛冽，橘子先生会帮她戴上围巾，为她买暖暖的奶茶，握紧她冰冷的手，帮她暖暖手，给她最安稳的拥抱。深情不及久伴，厚爱无需多言，这是橘子先生一直传达给她的感觉。他就像冬日的阳光，和煦、温暖。

与橘子先生在一起，就是沐沐小姐最美好的时光。每一封他问候的简讯，每一句只有他们才懂的谜语。校园路上的紫荆花开了又落，见证着他们在树下走过的四季。沐沐小姐相信，和她的橘子先生在一起，以后会更加幸福。因为她的生活，有了他的存在而更加灿烂。不仅如此，她幻想中的情节，橘子先生拿着DR 钻戒向她求婚的画面，也终有一天会实现。

DR Darry Ring 寄语

爱一个人的时候，总是费尽心思为你做好一切的事情呀。愿我们都成为彼此的太阳，温暖未来的每一天。

10.
欠我的表白，你要用一辈子来还

原作者 / 蒲公英羽灵

改编 /Mango

“我们一起写写我们之间的故事吧？”

看到 DR 钻戒的征文后，我就缠着他，想让他和我一起讲述这个故事。

“为什么要写这个啊……”他有些犯难，不知道我葫芦里卖的是什么药。

“因为，我想知道在你心里，我们的恋情是什么样的呀。”

他追了我两年多，在他心里，肯定有更多的话想说吧？

最后他还是屈服在我的软磨硬泡之下，“好吧，你要的，我不敢不从。”

有天他神秘兮兮地说：“我发在邮箱里了，你看看，写得不好可别笑话我。”

“放心啦，我干嘛要笑你。”我急忙登录邮箱，打开收到的文档，一个个字在我眼前闪过，它们仿佛带着温度，组成了一幅幅熟悉的画面，看着看着，我就红了眼眶。

《一生的约定——写给我的笨蛋》

追了我的笨蛋两年多，期间有不少心酸的时刻，但是，开心却比难过要多得多。

不然，我怎么会追你这么久呢？

幸运的是，我的努力和坚持感动了上苍，我们终于幸福地在一起了。

我们的第一次近距离接触，要属体育课上第一次打乒乓球了。

也许是因为有你，在我印象中，那天的阳光特别温柔。

体育课上的我，总喜欢独自一人待着，是你，带我走出了自己的世界。

你只说了一句：“走，我们去打乒乓球吧！”我就呆呆地跟着你走了。

现在的我们，也是你说什么我就做什么，这都是从那时候开始的吧？

不得不说，你当时打得真差，总是败在我手下。

可你还是笑呵呵的，那个笑容，比窗外的阳光还要温暖。

你的笑容轻易就把我征服，却拒绝了我的表白。

是因为那时的你，心里装着另一个人吧。而我，只能做着朋友的角色。

后来，你哭着在电话里说，他不喜欢你。

我比你还难过。是一种喜欢的人伤心了，我很心疼，却无能为力的挫败感。

我暗暗对自己发誓：一定要追到你，用心守护你，不再让你受伤。

曾经多次决定最后一次告白，只是这个“最后一次”不知进行了多少次。

两年过去了，我一直不想放弃。

直到有一天，你突然接受了我的告白，我却手足无措起来。

那天是 2014 年 5 月 1 日，我们一起去外面玩，你走在我的前面。

不知走了多久，我终于鼓起勇气环住你。

那是我第一次抱一个女生，感受到了你的温度，我心跳变得很快，语气也很紧张：“我想对你说……”

安静的空气弥漫在我们四周，我还没说出口，突然害怕你会生气，便迅速地放开了手，像做错事的小孩，低下头，等着你惩罚我。

“你不用说我都知道是什么事了，我答应你。”你转过身，装作无所谓的样子说。

仿佛被闪电击中一般，我猛地抬头看你。

还是那张红扑扑的脸蛋，还是那个我最喜欢的笑脸。

我开心又无奈地说：“我都还没说完，你就答应了，万一你后悔了……？”

“什么事我都答应。”你突然不敢看我的眼睛，语气却很坦荡荡。

其实你也有点怕，万一不是表白该怎么办。

我笑了，很想抱抱你，却还是收回了自己的手。

在包里翻了一会儿，把所有巧克力都拿出来，看着你开心地打开，一口一口吃掉。

我的心也很甜很甜，终于实现了自己许下的承诺——追到你。

以后的日子，一定要用心守护你。

现在想来，你还真是个笨蛋，不等我表白就答应了。

不过，我就是喜欢逗你这个笨蛋。

因为你，我的生活才能天天都充满阳光。

每天醒来看到你的笑容，就是我最幸福的事。

现在的你，也是笑着看完的吧？笨蛋。

哼，都答应你了还整天说我笨。

我一边愤愤不平，一边却感动得眼眶红红的。

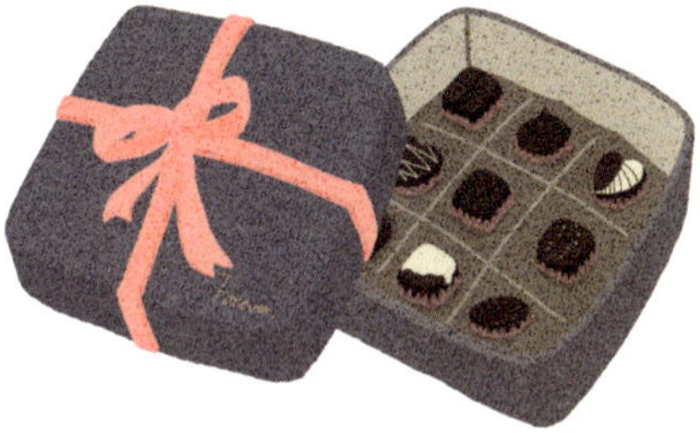

“写得还可以嘛，你欠我的表白，要补回来哦。”

“我爱你我爱你我爱你，我会用一辈子来说给你听。”听着他在电话里表白，我在这边甜蜜地笑起来。

有人问上帝，喜欢与爱有什么区别？上帝指了指一个孩子，只见他站在花前，被花的美丽迷醉，不由地伸出手把花摘下来。上帝说，这就是喜欢。接着，上帝指了指另一个男孩，只见他满头大汗地在给花浇水，又担心花被烈日晒着，自己站在花前挡光。上帝说这就是爱。喜欢是为了得到，而爱却是付出。

他就像故事里那个守护着花的小男孩，一直守护着我。在我失落的时候，给我安慰；在我退缩的时候，给我勇气；他不知道的是，当他表白时，我从没有担心过答应他之后会有什么事，因为我知道，一定不是坏消息。

你是微醺的上集，你是微妙的下集。我们之间的故事，未完待续。

Darry Ring 寄语

爱情里最美好的事情，莫过于你和我，最终成为我们。从扮演一个朋友的角色默默守护着你，到最后能够站在你的身边，一路保护着你，成为你真正的依靠，这样的结局，最让人感到欣喜。

11.
写给乔的一封情书

改编 /Mango

亲爱的乔：

今天是我们认识两年的日子。

直到现在，我都觉得遇上你是我最大的幸运。

认识你快两年，拥有你六个月。

不知该送你什么礼物合适，只能够写一封情书。

细数我们之间的故事。

最美的不是下雨天，是曾与你躲过雨的屋檐。

两年前的今天，我们因一场雨而相识。

本来晴空万里的天气，却飘来了几片乌云，将天空笼罩得阴沉沉的。

一场大雨如期而至。

有不少人在教学楼下等雨停，而我恰好站在你的旁边。

看着你苦恼的表情，我撑起了手中的雨伞。问了你一声：

“同学，需要我撑你回去吗？”

你回过头时一脸惊讶，接着露出了无比灿烂的笑容：

“好啊，谢谢你啊！”

那一瞬间，你的笑容和声音就这样留在了我的心中。

同撑一把伞的我们，一路无言。

到了我宿舍楼下时，我松了一口气， 此时离你宿舍还有一段距离。

我便把伞给了你：“你下次再还我吧，我的宿舍号是512。”

看着你撑伞走了的背影，我期待着下次再与你相见。

隔了一个星期，你一直没有出现。

有天在饭堂吃饭时，听到了一个熟悉的声音："同学，我终于找到你啦！"

我回过头，看见你拿着我的伞向我的方向跑来。

"对不起对不起，我忘记你宿舍号了，想找你都不知道如何找起，就天天带着伞。"

原来如此，我噗嗤一下笑出来，怎么会这么傻。

"没事没事，你吃饭了吗？一起吃？"

"好啊！"这次你也爽快地答应了。

虽然后来你解释说，是因为当时走神了没注意听宿舍号。

但我知道，其实那是因为你健忘。

不过健忘也好，才让我们再次遇见，还一起吃了第一顿饭。

你的笑容，开朗明亮得就像阳光，照亮了我的世界。

你一直都带着不一样的光。茫茫人海里，我的眼中就只有你一个。

从此，我喜欢上了雨天，因为你也喜欢雨天。

你忘记带伞是常有的事，不知这是故意还是无意。

你曾说过，下着小雨的时候，你都会一路跑回去，就像一株植物，渴盼着雨露。

但我不愿意让你淋雨，不愿意看着你一个人。

每次看到天空下起了雨，我都会先问你一句："带伞了吗？"

"没有。你来接我吗？"

这时的我，都会带着一把伞，出现在你面前。

同撑一把伞的我们，再不会尴尬，而是将欢声笑语都收在雨伞之下。

幸而我们在同个学校，当你需要我的时候，我都可以出现在你面前。

这个习惯，一直延续到我们毕业、工作。

每到下雨天，我都会开着车去接你下班。

有时候你会趴在窗户上，似乎很想出去痛快地淋一场。

有时候你会安静地看着街道，像是从没见过这样的风景。

而在我的眼中，你就是唯一的风景。

半年前的我，在一切都安定下来之后，终于鼓起勇气，向你表露了心声。

那个大雨瓢泼的下午，趁着红灯停车的间隙，我对你说：

“我们在一起吧，以后都让我接你上下班，不管晴天还是雨天。”

你转过头看着我，惊讶的眼神转瞬即逝，然后笑着回答我：

“好啊。有你真好。”

就像第一次见到你的时候。

车里充满了雨水击打车窗的声音，我看着你的笑容，仿佛这世界只剩下我和你。

红灯倒数 5 秒，我发动了引擎，从此驶上了一条新的路，有你陪伴的路。

雨天，让我们离彼此更近，但是也有过不好的回忆。

还记得有一次我惹你生气了，你一赌气就直接跑回家了吗？

若是见不到你，我们的矛盾就无法解决。

那时下着暴雨，我就撑着伞在雨中等你。二十分钟，三十分钟，一个小时。

你都不肯接我电话，我还以为你再也不会原谅我了。

正当我心灰意冷的时候，你却出现在了门口，向我奔过来直接扑进我怀里。

在车里，你抱着我的胳膊，两个人就这样静静地坐着，什么都不说。

但是我能感受到，原来爱一个人，就是这么简单。

只要看着你好，我就什么都好。

爱一个人的感觉如此奇妙。

你可以让我郁闷一整天，也可以让我乐得像个长不大的孩子。

有时候你温柔体贴，知道我因工作疲惫不堪，为我熬好了爱心汤，让我元气满满。

有时候你又古灵精怪，不知从哪儿冒出天马行空的想法，要我一一去帮你实现。

面对你，我就是没辙啊。

因为，你一直都是我最爱的人。

我一直相信，陪伴是最长情的告白。

此刻的我，想陪你吃一顿简单的晚餐，陪你在公园漫步，手拉手慢慢走回家。路边有开着小花的栏杆，有 24 小时灯光通明的便利店，有橘黄色的路灯，我们踩着葱葱郁郁的树影，一阵风吹来，吹着你飘动的头发，你笑着闹着，都是属于我的。

谢谢你，给我爱你的机会。你就像一束阳光，一直照耀着我的生活。

以后的日子，若是遇到下雨天，我都会撑一把伞，站在你的旁边。

Darry Ring

寄语

一封情书，带给我们满满的爱与感动。遇上那个对的人，就只想用心去守护她、保护她，与她一起努力，让故事有然后。祝福这样一段简单又美妙的爱情。

12. Happiness is Having You Around

改编 /Mango

I love the wind, but if you are not around, it is cold even though it is summer.

I love the road, but if you are not around, it is colorless even though it is filled with yellow ginkgo leaves or red maple leaves.

I love life, but if you are not around, it is dead even though I am alive.

时光静悄悄地滑过，说起以前的事，就像打开了一个时光宝盒，那些被我珍藏的时光，变成了华丽的幻灯片，一张张呈现在我的面前。带着时光的印记，褪去了其他人的身影，只留下了美好的我和你。

遇见他的时候，正值盛夏，初三刚开学。

因为搬家的关系，我转学到了一所新学校。

在一个陌生的环境里，我每天都安静地坐在教室里“刷”题，从不与别人有过多交流。

那时他坐在我前面，除了发作业的时候会转过身，也没有什么接触。

期中考成绩出来了，他的数学成绩是班里第一。

我才发觉，原来他是这么厉害的人。

对于数学奇差的我来说，对数学好的人都有一种盲目崇拜。

因为数学拖了后腿，我到了班里第十名就无法前进。

有次发卷子，被他看到了我在及格边缘的数学分数。我赶紧把卷子藏起来，本以为他会嘲笑我一番，没想到他却没有说什么。

那天的晚自习，他第一次主动和我说话："我帮你补习数学吧，怎么样？"

我一脸惊愕，他又赶紧解释："不过，我英语不会的话可以问你吗？我看到你英语成绩很好的样子……"

我赶紧点头答应了，数学第一名的人要教我数学，我能拒绝吗？

在互相讲题的过程中，我们渐渐熟悉起来。

打水吃饭的时候都打打闹闹，午休的时候也会偷偷地传纸条。

在陌生的环境里，我终于交到了第一个真心的朋友。

就这样，日子在一套一套的习题以及一次一次的月考中溜走。

中考结束了，成绩出来了。我们报考了同一所高中。

高中的我们，不再同班，但依旧通过写信的方式保持着联系。

直到有一次他在信的最后写上这一首诗：

“幸福就是有你在身旁。

我喜欢风，可是如果你不在，即使是夏天，我也感到寒冷。

我喜欢路，可是如果你不在，即使它铺满了黄色银杏叶和红色枫叶，它也变得黯淡无光。

我喜欢生命，可是如果你不在，即使我活着，我也已经死去。

如果我说我喜欢你，你愿意跟我在一起吗？”

看到这句话，我心跳加速。

虽然平常会被同学调侃：关系这么好是不是在一起了？

但我从没想过早恋的问题。

现在他这么直接地问了，我倒不知该如何回应。

那时正好放暑假，一个多月过去了，因为对自己的感情还不够明确，我一直安静地没有回应他。

直到那天我在教室门口，撞到他和另一个女生去打水。

两个人有说有笑的背影，竟惹得我心烦。

原来，我也一直在默默喜欢着他啊。

在我心里，他也如同那一首诗所写的，早已融入我的生活。

没有和他通信的日子里，我的心事不知能与谁诉说。

不能见到他的日子里，我的心里仿佛空了一块。

没有他存在的生活，我的日子过得寡淡无味。

于是，新学期开始，我们在一起了。

为了不被老师发现，我们在学校尽量单独行动。

除了假期一起去补课，周末去图书馆上自习。

过马路的时候，他会用厚重温暖的大手牵着我的小手。

但是过了马路，又马上放开，生怕被熟人撞见。

在那短短的十几秒里，我的心，都是加速跳动着的。

单纯的学生时代，我们过得那么简单，那么快乐。

他就是我青春纪念本上的少女心事，我们的日子过得张扬又轻狂。

现在的我们已经工作两年，依旧陪在对方的身边，他已定制一枚 DR 钻戒，正在向我飞奔而来。

岁月如一场洪水，冲散了那么多对情侣，而我们能够遇到这样一个人，贯穿了中学和大学时代之后，还能紧握对方的手，成为对方生命中不可缺少的那一部分，实属不易，这也是属于我们的幸运。在时间的洗刷下，他变得更加成熟和稳重，我也在不断地成长。我们都深知，幸福，就是有对方在身旁。

DR Darry Ring 寄语

长长的时光里，有他一路的陪伴。不仅没有与对方走散，还融入了彼此的生命里，在以后的日子里，回忆起当初做的决定，那是一生最重要的决定。

13.
做你一辈子的妙恋

原作者 / 我叫你的瓶盖

改编 /Candy

第一次见到你，感觉很微妙。后来我们之间又发生了很多奇妙的联系，总觉得有一根无形的绳子将我们捆绑在一起。

都说生活不如偶像剧美好，但遇上他的那一刻起，我就跌进了偶像剧的剧情。

由他来打开我的心扉，把我从一个不起眼的胆小鬼，变成一个能为爱勇敢的女主角。

在这部偶像剧里，也会有坎坷阻碍我们前行。

但是他都能够一一化解，这就是男主角存在的意义。

遇上你的那一刻，全世界都静止了

我从小就爱丢三落四，到了六年级还没改过来。

有一次上音乐课，老师下了通牒：没带课本的学生不能进教室。

偏偏那天我又忘记带了……临近上课，我急急忙忙跑到隔壁教室借书。

可内向的我站在别人教室门口，竟一个字都憋不出来。

就这么磨蹭着，直到上课铃响起。

转角突然冲过来一个男生，我紧张得抓住了他，这可是我最后的救命稻草！

谁知他跑得太快，一个趔趄，我被他扯进怀里。

短短 10 秒，震耳欲聋的上课铃还在耳边响着。

我和他却仿佛静止了一世，等到世界又恢复平静，我却根本不敢抬起头来看他。

他淡定地问明我的来意后，冲到座位上将他的音乐课本塞到我手里。

我还是低着头，硬从嘴里憋出“谢谢”两个字，便箭一样地跑走了。

“幸好赶上了啊，不用罚站了。”我坐下来后松了一口气，虽然心跳还是快得不行。

翻开课本，封面上写着他的名字，好清秀的字体。

我小声地读了一声，真好听。

你打开了我的心扉，走进了我心里

因为性格比较内向，我一直交不到真心的朋友。

认识了他以后他不仅鼓励我，还将我带进了他的朋友圈。

慢慢地，我开朗了很多，感觉生活都明亮起来了。

升上初中后，我们同班，待在一起的时间也多了很多，关系变得很铁。

只是，“好哥们”的名义下，却有一种微妙的感情在暗中发酵。

这得从一瓶牛奶说起。

那天，他偷偷往我抽屉里塞了一瓶牛奶。我没多想，坦然收下了。

谁知接下来的每一天，抽屉里都会出现一瓶牛奶。

我隐约察觉到什么，但是没有说破。大概是没有那个勇气吧。

后来，他喜欢我的传闻，意外地在班里传开了。

所谓的铁哥们情谊，也开始微妙起来。

我又不敢抬头看他的眼睛了。

这样的感觉，真的是喜欢吗？

每天上学都很期待见到他，看到他在教室里会很开心，不在的话就会担心他是不是生病了……

听到老师叫他的名字心里会一颤，当他叫我时也会有不一样的感觉……

正当我一个人呆呆想着这个问题，他却轻轻叫了我的名字。

我回头，还是不敢看着他。

他慢慢地走近我，一步步都像踩在我的心，让人紧张。

终于，他开口了：“我喜欢你。他们说得没错，我喜欢你很久了，久到都不知道从什么时候开始的。”

我的头埋得更深了，脸烫得像发烧了一样。

“每次看到你笑我就很开心，看到你烦恼的样子，我就想帮你……”

那时我才恍然大悟。

原来，这就是喜欢，原来，他早就走进我的心里。

我抬起头看着他，他走过来，牵起我的手，我没有拒绝。

七年时光，让我们牵手一起走得更远

他家离我家只有五分钟的路程。

我们初中同班三年，后来升上同一所高中。

现在在不同的大学，也只隔了一个小时的车程。

这么多神奇的联系，将我们的缘分紧紧绑在一起。

仿佛偶像剧才会发生的情节，却在我的生活中不断上演。

现在的我们，已经在一起七年了。

他就像牛奶一样，既没有烈酒的刺激，也没有白开水的无趣。

而是一直甜甜的，每天都给我如初恋般的感觉。

第一个喜欢的人是他，初恋是他。

多希望，最后陪我步入婚姻殿堂的人，也会是他。

DR Darry Ring 寄语

在最美好的年纪相遇，在最珍贵的时光相恋。因为他在，才能每天都尝到初恋的味道。这份甜甜的爱，相信会一直陪伴着彼此走向更长久的未来。

14.
关于青春里那封爱情的信

改编 / 南西

安然：

下了几天雨的校园，终于有阳光了。我心中有股躁动，想要立即离开，离开一间教室，一把椅子，一扇窗前。

我不愿坐在教室里，不愿再坐在躯体里。我要到你的身边去，大声告诉你：我喜欢你！

记得你低着头。一秒，两秒，三秒，那几秒居然有一个世纪的长。你没有说话，只是歪着头朝着我笑了笑。

我知道的，我知道的！那是爱情开始的预兆——微笑！

午后，阳光照在身上，我们走走停停，一个你，一个我，就已经十分美好了。午后的校园，风撑满白衬衣，还有涌上心头的一番悸动。

这些，你还记得吗？那个美好到不可描述的夏天——

2015.10.10

安然：

毕业季，要离开生活了四年的校园。明明昨天才送走你，今天就开始想念你。

要是你知道我今天做了什么，你一定会嘲笑我！

太阳还没有升起来的早晨，我独自一人去操场跑了一次步。记得你跑步像个鸭子的样子，我知道我不该嘲笑你，但你跑步的样子真可爱，正好是我喜欢的样子，我是那时候喜欢上你的吧？

你还记得吗？去图书馆的那条蜿蜒小道上，你第一次牵了我的手，紧紧的，暖暖的，心里全被幸福填满，真像一颗一戳就露馅儿的巧克力。

最后一次吃食堂的菜，才发现原来真的很难吃！以前我怎么没发现，或许是因为有你陪着吧。

安然，才分开第一天，该怎么克制自己不去想你？

2015.12.20

安然：

那天，我们坐在海边。海浪很大，天很蓝。你笑着对我说，谢谢你！谢谢你为我做的一切！

我为你拍了一张照片，照片里的海有斜斜的微风，你笑得就像个孩子。我想，只要你不抛弃我，我这辈子就认定你了。

还记得吗？我喜欢骑着车，你在背后抱着我，即使遇见大雨，去哪里都无所谓，最重要的是你和我在一起。还有过马路的时候，我牵着你的手，周末一起逛超市，道着晚安入睡……

我想起的尽是这些细微的幸福。你说，我让你有心安的感觉。要不我们毕业就结婚吧？我是认真的，等你的回信。

2016.01.20

Darry Ring
寄语

重读那年的情书，青春爱恋的各种暧昧、心动、思念都藏在那封封发黄的信里，时不时拿出来读一读，还是会心动啊。时光悠悠，青春渐老，唯真爱不老。

15.
一路跌跌撞撞，总会撞到真爱

改编 /Candy

自打幼儿园时期，我就是个“外貌协会”的小会长。当那个年龄的小孩子还处于分不清小男生小女生性别的时候，我已经可以分辨出哪个小男生长着长长的睫毛、亮晶晶的眼睛和嘟嘟的小嘴唇，还一直拿糖果讨好人家。这是外貌协会小会长的开端，情感丰富内心戏十足。

我到现在还记得第一次收到情书的感觉。小学全班最受欢迎的小男生要转学，所有的小女生都很失落，包括我在内。然而，在学期结束时，小男生却递给我一张音乐卡片，上面还写了几行很有年代感的祝福语：学习进步，友谊天长地久。

那时候的我却欣喜若狂，原来他心里有我，在这样的幻想下，我渐渐养出一副心高气傲的公主样，更是经常和身边的朋友吹嘘，我就是要找一个长得特别好看的人，这样每次生气，只要看到对方的脸就觉得，真好看，立马气消一大半。

自此，我一直抱着这样的想法——非帅不交往。在我不停地寻找下，大学终于出现一个满足我所有对完美男友期待的学长，从长相到衣品都让人觉得舒服，连说话的声音都那么迷人。

他温柔又体贴，会在天气冷的时候提醒我多穿衣、不要感冒，会约我一起去看电影并送我回宿舍，会每天晚上陪我聊天和我说晚安……

但是，现实啊，就像《大话西游》里紫霞仙子说的那句话：我猜中了开头

却猜不中这结局。

就在他坚持追了我一段时间，在我准备下定决心和他交往的前一天，意外地看到他陪另外一个女生去看电影。也许是上天爱和我开玩笑，也许是为了惩罚我，我遇上的好看男生却都不是对的那个人。

经历了这次感情的挫败，我反思了自己一直以来的对伴侣的观点，我迷恋的男生类型其实并不适合我，明明一直隐约觉得，这样完美的男生并不属于我，也并不属于任何一个人，他要的，不过是玩玩。却还要在心里与他较量一番，每次结果都是遍体鳞伤。那个时候的我，心灰意冷，甚至觉得我将就此孤独终老。

也许生命里出现的每个人，都有他存在的必要，他给了你痛苦也好，让你付出一切也罢，我还是相信，女孩在情感上有所经历，才会摒弃一切不实际的想法，才会脚踏实地地去付出，才会有能力分辨，谁能和你走完这一辈子。

人生的奇妙之处在于，就在你痛彻心扉，决心重新开始的时候，那个王子就来了。

毕业后，我重新将热情投入到生活之中，不再是那个一股脑儿寻找帅哥的外貌协会会长了，甚至，当我老公出现的时候，我的会长级别算是降到了副会长级别。

我们从认识到结婚，总共花了一年时间。认识的第四个月，他就出现在我家，在家人错愕的表情里淡定又诚恳地表明心意。他不及我心目中的帅哥标准，却有着独特的魅力。他从不说不着边际的话，却捧着一颗真心。从他说喜欢我到娶我，不过一年的时间。面对爱情，我们的行动都变得无比迅速，因为真爱从来不会拖沓，我们也生怕错过了彼此，恨不得一生相守到白头。

后来也证明，他就是我的那个对的人。在一起的时间里，他给了我最舒服的爱和安全感，在吵架时候会拥抱我，而不会争得耳红面赤。他会为了我学习煮饭，这温暖的样子简直比我遇见过的所有男生都帅。他还会陪我做任何想做的事情，更重要的是，他为我戴上了一生仅一枚的 DR 钻戒。无名指尖上的光芒闪闪发光，就像一场梦境，满足了我所有的少女心。

在一起的每一天，我都觉得他无时无刻都在带给我惊喜。我知道，随着时间流逝，曾经帅气的外表也会变得飘渺，我不会再虚无地幻想那些童话里的浪漫，而是幸福知足地享受当下的笃定和安心。当然，以前那些满满的少女心，自己如今仍然拥有。因为我的身边，有着比帅气外表还珍贵的真爱。

结婚后朋友问我，遇上对的人是什么样的感觉。

我觉得应该就是一种让人可以卸下盔甲，无需装酷装独立，从此轻装上阵，却又勇猛无比，心有依靠的归属感和安全感。

DR Darry Ring 寄语

寻找真爱的路上，总会遇上些阻碍，在现实面前，王子公主的相遇并不那么容易，但是心中却会有一种声音，将两个人牵在一起。所以啊，若你还在寻找，放心，一定会来的。

16.
从“我”到“我们”

原作者 /3 小时旅游

改编 / 八十

爱是从初见时的眉眼弯弯，到古稀时的鬓角微霜，
从“我”到“我们”，用尽了一辈子的时光。

他叫刘建成。她叫梁帅。

高中时期两人就认识了。在某一天，他突然对她说：抽屉里有一封你的信。于是她走过去拿了信就拆读起来，然后她莫名其妙就成了他的女朋友。

哼，这位少年表白要不要这么委婉，还要她亲自去拿信。虽然她也曾气嘟嘟地觉得自己很笨，可是过了许多年回想起最初这个画面，依然觉得好心动。

那是在一起的第一个情人节，没有浪漫的惊喜，反而因一件小事吵了一架。他赌气地说：很累，想分手。听到这句话的她瞬间哭得梨花带雨，吓得他赶紧送出一盒巧克力哄住：对不起，是我太心急了，我只是想知道你的想法。

她说，爱多久我们就走多久。

他说：你是我的唯一，我很爱你。

两个人相视一笑，算是对这段小插曲作了和解。

爱情很简单也很笨拙，总是一不小心就会让身边深爱的人受到伤害。

我不知道在什么时间会遇到你，爱上你，失去你。

所以在每一分每一秒里，我都做好了一万种幻想和可能。

也许就在此刻，也许在不久之后。但是，在当下，我已渴望到了永恒的美好。

毕业之后，一个去了南方，一个留在了北方。

他说：不管最后做什么决定，都要等我，因为你只属于我一个人。

她说：我等你。

于是，两人在不同的陌生城市里，在各自不同的平行时空里做着不同的事情。

每个晚上最期盼、最幸福的时刻，就是跟彼此发短信。

他永远让她先睡着，担心她半夜做噩梦，所以手机２４小时为她开机。

在她生日的时候，他还写了一封７页的信送给她。

收到信的时候，厚厚的一大叠，她一个字一个字细细阅读，感动满满。

他还会不厌其烦地一次次嘱咐她：冬天到了，用热水泡泡脚；累了不要为难自己；难过伤心的时候，一定要给我打电话。

就这样，在这些絮絮叨叨中，两个人通过微弱的电流，相互依靠取暖。

一个人的时候，只能靠着两个人的回忆，倒数着重逢的一刻。

他们在平行的时空里，做着同样的事。如果以上帝的视角来看，真希望可以把他们剪辑到相同的画面里，纵然是不同的背景，却好像在一起互相陪伴一样。

当你喜欢一个人的时候，你就会不自觉地想要和他靠得再近一点。看他爱看的球赛，听他爱唱的歌，走过他走过的风景，是否也就途径过他的经历，感受到他的感受。

爱或者喜欢，本身就在寻找一种两个人之间的共鸣和情感吧。

总有一天，他们会坐在一起，依偎着看同一部电影，轻轻唱着同一首歌。

可是，爱情在异地恋面前，依然是残酷的。

在分隔两地期间，两人也发生过几次闹分手的争吵。期间两个人无数次想念，却始终谁也没有见面。于是两个人像是在玩猫和老鼠的游戏一样，两个人陷入在情感的迷宫里，别人进不去，他们出不来。

他 QQ 空间的每个说说，心情里说的都是她。

她写过一份长长的信，里面满满记录的都是自己分手之后的心情。

他也曾在情人节的时候发过短信给她，没有收到任何回复才知道她的手机已经停机两个月。

分开的煎熬，两个人都独自默默承担。

也许是越相爱反而越容易受到伤害吧。整整半年以后，两个人才终于从这次分手中走出来。而这次短暂的分手之后，他和她都愈加确定了在彼此心里的位置。

他说：我要霸占你的无名指，总有一天会为你戴上钻戒，让全世界所有的人都知道你是我的公主。

终于在 2015 年，两个人结束了 7 年的异地恋，真正走到了一起。经历过那些分开、委屈、痛苦、难过之后，这份爱情变得更加勇敢和美丽，就像是一枚经过地底亿万年时光雕琢的钻石，在磨砺和洗练之后，光芒愈加纯粹动人。

他叫刘建成。她叫梁帅。

他说、她说，

要得到你们的祝福。

Darry Ring
寄 语

爱时而有起落，时而让你欢喜、失望，时而又令你幸福、忧虑。可是无论过程如何坎坷，最美的结局，是一生有你。

17.

有多少人打着友谊的名义爱着一个人

改编 /Mango

从 2004 年到 2014 年，我和张小蛇做了十年的好朋友。

这种关系终于在 2014 年的春天结束了，因为他向我表白了。

我和他在初三就认识，当时的他是复读生，从一所很差的民办中学转学过来。

开学第一天，我俩居然成为了同桌，我的内心可是千万个不愿意。

想想啊，谁愿意和一个差生坐在一起呢？

可是现实却往往是相反的，张小蛇每次考试都名列前茅，而且最招人恨的是他还常常出去上网打游戏，放在学习上的心思看起来并不多。

初中生涯在中考后落下帷幕，我们俩都顺利地考上了高中。

十六七岁，正是情窦初开的年纪。

我看见他的单车后座换了一个又一个女生，

他也知道我一直暗恋着那个篮球打得很好的男生。

不知道你的身边有没有这样的一个人，

不管什么时候都会在你的身边，

无论你发生什么事情，都会是第一个出现的人。

当你觉得被全世界背叛，

他还是默默在你身边挺你的人。

但他可能不是你的情人。

大二我失恋了，当时感觉天都要塌下来了，

恰好张小蛇当时打电话给我，听出了我的不对劲，

在他的追问下，我就把失恋的难过全部说给他听了。

过了几天，他居然犹如天降般出现在我的眼前，

搞得我怀疑自己出现了幻觉，狠狠拍了自己几下才反应过来。

他在我的大学里待了四天，陪我走过那段人生最黯淡的时光。

我至今还记得璀璨的星空下，我和他坐在草地上喝酒谈天。

我边喝边哭地说："那是我的初恋，我忘不了他。"

张小蛇沉默了一会儿说：

"他有什么好，让你这么伤心的不是真爱，你很好，值得更好的人疼你。"

那一晚在酒精的作用下，我巴拉巴拉说了很多，

最后我依稀听到张小蛇说了一句"我喜欢你啊"，

我以为是自己幻听了，没把这句话放在心上。

大学毕业后，好长一段时间都是我感情的空窗期。

我的爹妈非常着急，帮我安排了很多次相亲。

我一直觉得相亲不靠谱，每一次都抱着应付公事的态度去相亲。

终于有一次我觉得找到了一个谈得来又靠谱的人，就把照片发给张小蛇炫耀一下。

谁知道这个人狗嘴里吐不出象牙，把相亲男贬得一无是处。

我气愤地说："哼，要你管，他就是我未来男朋友，我就喜欢这一类型的！"

可是最后我还是跟这个相亲男闹掰了。

从此之后我再也没相过亲了。

爱情不能强求不能将就，更不能欺骗自己最深处的内心。

在恰当的时候，两个相爱的人会在兜兜转转中明白自己的心意，

爱就是拥有这样一种神奇的魔力。

时光缓缓，终于从 2004 年流转到 2014 年。

这年四月，张小蛇特意休了年假，说要来常州看我。

我开玩笑说："怎么，要过来拜访下十年好友呀。"

我们在小饭店里吃了几个菜，喝了点小酒，聊起了这些年的事。

很意外地，张小蛇突然收起了他平常那副吊儿郎当的模样，

一本正经地对我说："其实我一直都喜欢你。"

我有点懵了。

他接着说："可是我们一直在错过，这一次我不想再错过你了。也许我应该早点向你告白的，让你明白我的心意。"

我支支吾吾地，不敢看向他的眼睛。

他小心翼翼地问我："你呢，有什么想法？愿意做我的女朋友吗？"

我当时心跳得非常厉害，脸颊温度特别高，

但就是在这时候，我看清了自己的内心，

原来不知道从什么时候开始，我也喜欢上他了。

我点头答应了，他欣喜若狂，把我紧紧地搂住。

十年挚友蜕变亲密爱人，这样的事也发生在我和张小蛇身上，

想想都有点不可思议，但又在情理之中。

男女间哪有纯友谊啊，何况还是十年呢！

DR Darry Ring 寄语

爱情需要一点冲动，爱一个人要勇敢地告诉TA。要相信你们感情之深厚，不会因为一句我喜欢你而打破刚刚好的关系。爱有时候，是个moment的问题，错过了也就没有了哦。

18.
跑向你的路上全是阳光，有荆棘又怎样

原作者 /J 王佳 J

改编 / 被窝里的一只袜子

“我希望看见的每个晚霞里都有你，然后天朗气清，我心花怒放。”

那一天傍晚，她坐在陌生的校园操场上，对着晚霞哭得声嘶力竭，最后干脆往后一仰躺在了地上，像只脱水的鱼。

晚霞灿烂，明天是个晴天。

她心里像漏了雨的房子，哗啦啦倾盆大雨灌进，冰凉一片。

高考失利。

她不能去他身边了，那个和他一同报考的古都西安。同班又如何？三年之后奔赴战场，最后的结果也许就是各奔东西，再不相见。

但她看着被晚霞染得灿红的天边，喃喃着——

“我真希望看见的每个晚霞里都有你，然后天朗气清，我心花怒放。”

她一边掏出手机看着通讯录里的“姚辉”，一边单曲循环着那首老掉牙的《同桌的你》。

所以，不能在一起的你，明天是否会惦记，曾经最爱哭的我？

他看见了她的手机短信，知道了她高考失利。一瞬间心里揪了一下，然后

立刻给她回短信。

从初中开始就是同学，他也忘记了是怎么开始的，也许就是忽然对她有感觉的。等到要分离，才觉察自己早已陷进去了。

“只是失败一次，一年后我们还是在西安相见如何？”他默默给她打气，不希望两个人的相交线就这样交错而过，渐行渐远。

复读一年，她在他的鼓励下，认真复习，把高三魔鬼般的生活又水深火热地体验了一遍。终于，她考入他所在的大学，带着她的幸福雀跃，向她的太阳奔过去。

爱情，总是要两个人相向而行的，她这样想，跑向你的路上全是阳光，有荆棘又能怎么样呢？

他比她提前一年毕业，开始为了他和她的幸福在社会上摸爬滚打。

那些奔波忙碌、参与各种考试的日子仿佛就在昨天，最终他考入地震局，她成为一名人民警察。

某天回家，他做好了饭，看着她照旧突变为“吃货”的样子，不禁想让时间就这样停下，可以永远看着她幸福的笑容。

永远？他忽然愣住，是啊，永远，自从在一起，好像就没有想过要分开一样——

他习惯了和她一起在周末把租的房子一起打扫一遍，放开音乐的同时，和她一起挽袖子把家收拾得干干净净。

他习惯了给她做饭的时候默默记住她爱吃的菜，默默记住她喜欢的颜色，默默记住她爱听的每一首歌。

他习惯了洗漱完后，静静享受她用毛巾为他擦头发的触觉。

他习惯了闲时，看着她给自己泡一壶茶，顺便和自己聊聊杂志聊聊八卦。

他习惯了每天早晨和她一起站在镜子前刷牙。

他习惯了这么多事情，还有许许多多想要和她习惯一生的事情没做。

忽如其来的“永远”就这样闯进了脑海，这个念头再也抹不去——

他已经认识了她许多年，他还想继续这样每天晚上可以抱着她入睡的日子。

2014 年，他知道了一生仅能定制一枚的 DR 钻戒，于是让 DR 为他购买的钻戒上刻下了“唯爱佳佳”，还细心地在真爱证书上为她留下了 2014 年 7 月 7 日 13 时 14 分，终是希望留下爱情“一生一世”这样美好的预言。

求婚的那一天，他单膝下跪，向她宣布了自己的求婚宣言——

1. 献给你，亲爱的佳佳。

2. 忘了是怎么开始，也许就是对你有一种感觉，突然间发现自己已深深爱上你。

3. 记得吗？我们认识的天数，已经有 12*365 天。

4. 马上就要到我们结婚的日子了，我有这些话要对你说。

5. 亲爱的，我会给你关爱、信任、尊重和自由。

6. 我会善待你的家人，一如对我自己的家人一样。

7. 我会加强锻炼、强健身体，一口气把你抱上三楼。

8. 我会偷偷为你做一桌香喷喷的饭菜，然后看你变身“吃货”的样子。

9. 我会每天尽早回家，每天晚上都抱着你睡着。

10. 我会周末和你一起做家务，挽起袖子，放开音乐，把家里收拾得干干净净。

11. 我会记住所有关于你的纪念日，并且会给你惊喜。

12. 我会记住你最爱吃的食物，最喜欢的颜色，最爱听的歌。

13. 我会为你洗头发，为你吹头发。

14. 我会带你逛宜家，买我们喜欢的家具。

15. 我会监督你每天多喝水，少吃垃圾食物。

16. 我会在一个宁静的午后，泡上一壶茶，和你谈心看杂志聊人生。

17. 我会和你一起站在镜子前刷牙。

18. 我会为你写一首歌，用跑调的嗓子唱给你听。

19. 我会和你一起养一盆绿色的植物，看着它慢慢长大。

20. 每个月，有那么几天，我会好好照顾你。

21. 我会带你一起做一些年轻人应该有的疯狂。

22. 我会把你说的有意思的话记下来。

23. 我会随时给你一个拥抱。

24. 我会为你做面膜，编辫子。

25. 我会以我们两个人的名字捐款捐物。

26. 在你忘记的时候，我会帮你的手机充电。

27. 我会读故事书给你听。

28. 我会对你的朋友好。

29. 我会带你去参加我朋友的婚礼。

30. 我会把你介绍给每一个我认识的人。

31. 我在街上凝视美女的时间绝对不超过五秒，并且会立即指出她不如你的地方。

32. 我绝对不会去碰婚外恋，哪怕对方是个“小仙女”。

33. 你身上有那么多优点，我会随时大声告诉你。

34. 我会在你心情糟透，乱发脾气的时候，拥抱你。

35. 我要让你陪我看球赛。

36. 让你跟我一起喜欢上伟大的曼联。

37. 也会陪你一起看电影，在别人的人生中感悟生活。

38. 我会努力工作，好好挣钱，让你不用为生活操心。

39. 我会带你去旅行，去看每一条河，每一座山。

40. 我们会互相监督，改掉坏习惯。

41. 我会练成绝世神功，让你开心。

42. 我会每天每时每刻都在想你。

43. 我会给你意外的惊喜，温馨的感动。

44. 我会心疼你，理解你，温柔地陪在你身边。

45. 我会永远都支持你，给你信心和力量。

46. 我会把心腾空，只装你一个人。

47. 我会珍惜我们在一起的所有时光。

48. 我是那么的容易被你感动，你的一个微笑一句鼓励一个亲吻一个撒娇，我都是那么的开心。

49. 我爱你，就像爱我自己的生命。

他送她 DR，想告诉她——即便生命有时尽，相爱却要到白头。

DR
Darry Ring
寄 语

12年的春秋冬夏，却依然恩爱如初，DR 君最爱看到有情人终成眷属。谁说初恋没几个真能在一起的？谁说七年之痒难忍，四年之槛难过？世间总有一种爱情，真可以做到从始至终，从一而终。在这里，衷心祝福你们开花的爱情，继续结果，然后长出让他人都羡慕的相思树、连理枝来。

02 时光盗不走的恋人

PART

1.
我的爱比你早 12 个小时

改编 / 咩咩

异地恋很苦，但比异地恋更苦的是异国恋。

万一有幸谈了异国恋之后，你就会明白，挡在爱情前面的时间和距离，是多么的令人绝望。见鬼的距离产生美，午夜梦回默默流泪的时候只能拥抱自己，只是想听听恋人的声音这个小小的愿望都不能立即实现，有什么可美的！

我和他曾经就是这样一对时差党，他在加拿大，我在中国，时差 12 个小时。这边晨光熹微，那边华灯初上，习惯了不能得到恋人的及时回复，习惯了自顾自地对手机说话。只能在微信上说声“我爱你”，却连一个拥抱都无法给对方。

距离带来的不安，我体会得淋漓尽致。

某次视频聊天中，他明显表现得心不在焉，匆匆说了几句就挂了。女人的第六感告诉我，这一定是有问题的。我开始心慌了，不会是他在加拿大另结新欢了吧？他开始对我失去兴趣了？他在忙？可是往常即使工作再忙，他也是很有耐心地跟我说话呀……脑中晃过无数种猜测，我却并没有其他办法去求证，除了直接问他。

信任，是异国恋中最最重要的事。可是我发现自己已经没办法百分百地相信他了，这种认知令我恐慌，手足无措。

我叫上闺蜜们来家里喝酒看电影，从晚餐后一直喝到凌晨两点。大家喝多了，

东倒西歪，趴在沙发上、地板上，一个个昏睡过去。

我去阳台继续喝着啤酒，看天上有星星闪烁，想着远方的他。

他在干嘛呢？有没有想起我？

闺蜜蹑手蹑脚地走近，说：“没关系，有我们呢。”

我“哇”地一声哭了，听到这一句话后，那个坚强的面具消失得无影无踪，我竟哭到身体一颤一颤的。

闺蜜说：“他会回来的，放心吧。他那么爱你。”

我哭着把心事说出来了，其实那件事只是一个导火索，分开这么久后，小问题越积越多，让我对这段感情失去了信心。

为什么谈个恋爱搞得自己这么狼狈？

不如分手吧，我坚持不下去了。

他态度变冷淡了，也许他不会回来了。

脑海中的这些念头无数次浮现，思绪飘回到三年前。

他跟我商量着，到底要不要接受公司的安排，调派去加拿大，开拓那边的市场。任期在三年左右。

我问："那薪资待遇呢？"

他说："比在国内翻了一倍，年薪五十万，分红另算。"

我说："那……那就去吧。多攒点钱，才能在帝都买得起房啊。"

我相信我们的爱情经得起考验，因为我们深爱着彼此。

之后那段日子，我们都非常珍惜在一起的时光。

像所有普通的情侣那样，谈情说爱，享受着甜蜜的小确幸。

他会给我买一切我爱吃的东西；

他会陪我一起敷面膜；

他会弯下腰偷偷亲我；

他会在拥抱时紧紧抱住我；

他会边唱歌边轻拍着我的肩膀哄我睡觉；

……

离别的时刻终究到来了，我们在机场沉默不语，怕一开口眼泪就止不住。

最后他对我说："要好好照顾自己，按时吃饭，早点睡觉。"

我一边点头一边哭着说："好的，你也是。"

看着他的身影慢慢走远，泪水模糊了我的视线。

一年，两年，三年。

那种“悔教夫婿觅封侯”的心情越来越重，现在唯一的心愿就是让他回到我的身边。

过了一星期，我收到了一个快递。里面是一只玩具熊和一枚戒指。

眼泪瞬间夺眶而出，DR 钻戒，我知道这是谁送的。

这只玩具熊肚子上还贴了张字条，上面写着“请按下我的肚子，我有话想对你说。”

我按了一下，玩具熊说：“魏小姐，你愿意嫁给我吗？”

原来那次视频聊天时，刚好是房东来了，他们约好了办理退房手续。

三年任期一到，他就迫不及待地想要回来了。尽管加拿大分公司多次挽留，并开出了更加丰厚的条件，他都拒绝了，坚持要回中国。

风雨过后真的会有彩虹，现在我和他终于生活在同一个时区了。

Darry Ring
寄语

总有一个人，会让你觉得之前所受的苦，都是值得的。异地恋不可怕，只要心在一起。

2.
世界上最美丽的伤疤

改编 / 白米饭

4 个手术伤口，一共 25 针，他小心翼翼地抚摸着这道疤，眼泪吧嗒吧嗒地往下掉，他把它称作“世界上最美丽的伤疤”，因为它硬生生地把我从死神那里拉了回来。

我该怎么去描述我面前这个执著得让我心疼的男人呢？

同学？确实，我们从高中就是同学，可那时候我们都有彼此的恋人，唯一的交集就是都坐在同一间教室。

大学在同一个城市，不同学校，相同的是都学的是土木工程专业。毕业之前唯一的交集就是同学聚会，在此期间，我们都经历了分手。

救命恩人？的确，如果没有他，我早就不在这个世界了，是他给了我足够的生命力，支撑着我活下去。

爱人？是的，2013 年上半年，我们开始实习。他在外地，我在老家。

偶然的机会聊到一起，相聊甚欢。

相知，相爱。跨越家庭的阻碍选择了订婚。

我以为我们接下来会顺顺利利地结婚，生子，就算没房没车只要每一天都平平安安、健健康康地在一起就很好。可偏偏老天给我们设了一道跨越鬼门关的

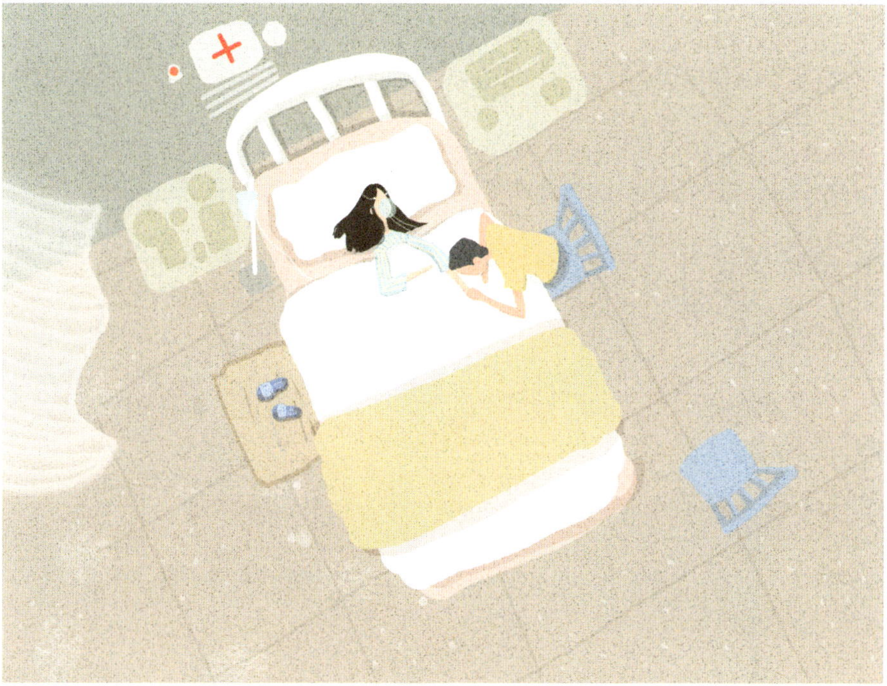

阻碍。

同年五月，他在福建，我出了车祸，开了刀，缝了 7 针，没有生命危险，但却留下了触目惊心的伤疤。

他不介意。

同年七月中旬，塔吊安装公司偷工减料导致塔吊连根倒掉，不幸的是砸中了我。

那时刚好他回学校办理毕业手续，中午还刚给我送了蒸饺，谁曾想到，不足三个小时，我们便面临阴阳相隔。

医生不停地下病危通知，我爸妈都吓到不行，甚至放弃了。

只有他，只有他一直在坚持着说什么都不肯放弃。

县城医疗条件太差，没有带呼吸机的救护车，他就跑到市里叫来救护车，转院去省医院。

路上下了很大的雨，大概连老天爷都为我抱不平。此时我的血压只有14。

在ICU住了10天，第一次睁开眼睛看到这个世界的时候，我以为自己只是睡了一觉，看到本来是个胖子的他瘦了一大圈儿，我才明白我出了多大的事，他是有多担心。

他累得趴在病床边睡着了，可他的手却一直紧握着我那插满各种不知名的管子的手。

我能感受到他手心里的温度，那么暖，每一刻都不曾放开我。

我说不出话，手指动了动，他就醒过来了。当他看到我终于醒了的那一刻，我分明看到他眼里闪着光。

我知道这10天以来，他每一分每一秒都在祈祷着我能够醒来，这一刻，他等得有多煎熬啊！

我在省医院住了一个月，他照顾我一个月，吃喝拉撒全在床上，他从没嫌弃。我第一次知道什么叫做不离不弃。

这一次，整个上身有超过4个手术伤口，超过25针。他说这是世界上最美丽的伤疤，因为挽救了我的生命。

因为伤到脊椎的原因，我躺了三个月，都是他，陪着我度过这100天无聊却充满爱的日子。

因为躺太久连路都不会走了，腿软得站不起来，第一次是他背着我站起来，每天帮我练习走路。

有时候连我自己都快对自己失去信心了，他却一直耐心地开导我、鼓励我一点一点地练习。

即使走得很慢，他也会跟我说“很棒哦，进步很多呢。”

因为他爱我，所以从来没有嫌我烦，而我也对他的依赖超过了任何人。

不到半年的时间，我觉得我像过了一辈子。

我在这么短的时间内不幸经历了生死，却幸运一直拥有一个不离不弃的爱人。

现在我们已经结婚了，很幸福。

以前反对我们在一起的爸妈，经过这一次的事情也知道了他对我的爱。

婚后的我们也会像平常夫妻一样吵架拌嘴，但下一秒就都满脸笑容。

他说会为我定制 DR 钻戒，一辈子仅此一次的爱全给我。

DR Darry Ring 寄语

或许老天对你开的玩笑太大了，不过幸好他没放弃，这就是爱的力量吧。因为他爱你，所以他不允许你消失在他的世界里，因为你也爱他，所以你不舍得丢下他就走了。这道伤疤刻着你的痛，他的爱，你们跨越了生死，拥有了幸福的生活。DR 君真的很替你们高兴，愿你们长长久久、幸福永远。

3.
一个人守候爱的孤单，等待你的归来

原作者 /MR___

改编 / 白米饭

突如其来的相遇，往往被美其名曰“命中注定的邂逅”，我们的命中注定，开始在 2010 年 10 月的尾巴。

地点在浪漫之都——法国，

一个名叫里昂的城市。

一场留学生派对。

我忍受不了朋友的疲劳轰炸，抛下了繁重的课业，到这里稍作喘息，离开家门的那个时候，我压根没想到踏出的这一步，深深地影响着我往后的整个人生！

走进派对现场，我的雷达自动扫描了会场一周，

第一眼，我就发现了在我的 11 点方向，那个腿上放着一个红色包包的姑娘！

省略去一些由于害羞而产生的毫无意义的挣扎，最后我以朋友刚开的一家 KTV 的广告宣传单为理由，总算将我们的世界，拉近到我们建筑学中提及过的所谓社交距离！

接下来的日子，便是传统的男追女剧情，开始是每天的短信，电话；逐渐发展成为为她重新执笔，每天写日记；偶尔忙碌过后，做一顿丰盛的晚餐，“人

肉”快递到她家，安静地在一旁欣赏她吃完以后脸上流露的满满的幸福。

由于挂念，三更半夜踩着单车，穿越整个城市去到她身边，然后再穿越一次回家安睡，也自然地成了当时锻炼身体的方法！

摩天轮上的第一个吻，

一场油菜花之旅，

一场城堡之旅，

还有一场希腊之旅，

成为了我记忆中，最甜的组成部分！

只是年少，难免轻狂，

伤害，无可避免地成了我们最后的安魂曲！

然后，我们的故事变成了我一个人的故事，一场等候爱情归来的故事！

跟大多数的爱情故事一样，我和她的爱情故事，轰烈过，璀璨过。如烟火绽放以后，只留下一堆挥之不去的回忆。而那些被单方面眷恋着的回忆，被称作遗憾，收藏在厚厚的照相本子里，即使岁月用尘埃将它掩盖，也难免有被再揭开的一天！

而我的遗憾，每天每天都在倒带，重复播放，转眼已经 4 个春秋！

我决心为这份爱，做出我百分之百的努力，因为我不想让自己后悔！

分开后，我坚持为她写下我的思念，期待有一天，当这些文字可以给予世界一个拥抱时，也可以让她回到我的怀抱！

回忆里，她的一颦一笑，一举手一投足，都是她留给我最浪漫的片段！她的笑容，总是可以让我躁动的心变得平静，而我，享受这份平静！

而她，是可以让我的脑细胞不停跳动的唯一，因此，我留下给她的浪漫，其实，全部都是她的功劳。

第一份生日礼物，默默地去到她到法国后住的第一所公寓楼下进行测量。然后一手一脚、一笔一划地，做了一个 1:200 的实体模型。底盘上写了一封情书，模型里面塞满了她钟爱的巧克力，在她的房间位置放了一条项链，最后再用巧克力铺平！

用意是，希望这份礼物，可以给她带来一份持久的快乐！！

当打开礼物盒，看见是自己的房子的模型，这是第一份快乐！其后第二层快乐是巧克力，当这些快乐渐渐变淡，巧克力渐渐变少，项链便会慢慢浮现，第三份快乐开始延续。然后到后来巧克力全部用完后，情书是我留下的，最后一份快乐！

这是我给她的，第一份浪漫！

随后，她无意的一句想要打打麻将，我便花了一个星期的通宵达旦，亲手打造了一副麻将。

136张牌，816个面，3264刀，每一刀，落下去的都是爱！而我在这副麻将当中，留下了一个小秘密，我在其中的几张牌的内壁，写下了我爱她的最真实的心里话！想说某天，如果不小心这副麻将弄坏了，这些心里话可以缓和她的伤心！

错过了她22岁的生日，她23岁的那天，我将亲手为她设计的那座城堡，送到了她的邮箱！

24岁的那天，我到录音室，将自己为她写的那首歌录制成DEMO，连同另外10首歌，以时光倒流为主题，寄到了她手上！歌词本上，每一首歌都配了那一年我们的一张合照。合照里的我，样貌逐渐模糊，我想告诉她，如果我留给她的只剩下难过，那么请将时光倒流，让我不曾出现在那一个晚上！

2015年，她踏入25岁。

提前半年，我找来一群朋友，组了支乐队，打算用一场演出作为她25岁的生日礼物，可惜由于种种原因，最后，我只能简单地拍下一支视频，用一首《温柔》，唱出我对她的心！

今年她的26岁生日，我将这些年化作文字的思念集结起来，编辑成一本书，一本一辈子只发行一本的书，将这些满满的挂念，回归到她的世界里。她生日那天，我亲自把这本书送到了她楼下的信箱，以为她会跟之前一样没有任何回应，

可是当我拿出书本塞进信箱的那一刻，她却突然开了门！泪流满面地看着我。看着她，我一个大男人眼泪竟也不自觉地掉了下来，这是我无数次日思夜想都想要的啊！上前去狠狠地抱住她，仿佛想要把这分开的几年所欠她的拥抱，都一次还清！

一直不知道我们的故事，到底是伤感还是浪漫，但庆幸的是，最后，我们还是守在了彼此身边。将她的名字与自己的名字缠绕，刻在自己的左小腿上的那天，我便决心带着这份爱，走过以后的每一天！

借着DR钻戒提供的这个机会，

我只希望，让她知道，与这辈子只能定制一枚的无名指的光环一样，

能够让我如此守候与等待的爱，一辈子也只有这么一份！

法国的浪漫，不在于她本身每一处街角洋溢的浪漫气息，

而在于，

在这里，我遇见过你，

在这里，我没错过你。

DR Darry Ring 寄语

有些人，光是遇见就已经赚到了。幸运的是，分开那么久，还好你没放弃，才能最后重新牵起她的手，继续以后的人生路。既然体会过失去的痛苦，那就好好珍惜得之不易的爱情，有爱的人在身边，才是最浪漫的事。

4.
爱是意料之外，却又命中注定

原作者 / 意识刘 217 的微博

改编 / 八十

总有那么一个人，

让做事情总是三分钟热度的你，却想要坚持爱他很久很久；

总有那么一件事，

让急性子的你，却甘愿等他两小时、两年……直到一辈子相守。

我们是朋友介绍认识的，一直用手机聊天。

说不清楚是谁先“撩”的谁，只觉得后来一发不可收拾，一天不说话都觉得难受。

遇见他之前，我也幻想过无数次相遇的场景，可是想象远远没有第一次见面来得那么真实。

2014 年 2 月 14 日，情人节，我们第一次约会。

地点是在麦当劳，然而他居然迟到了！

急性子的我，这次耐着心等一个从未见过面的人两个小时，连我自己都感到不可思议。

后来的后来，我终于明白，因为他就是我的命运呀。

无论等多久，该遇见的人都终将会相遇，不是吗？

还记得那天我给他买了一杯咖啡，百无聊赖地等着他出现。

看着他推着玻璃门进来，不好意思地喝掉了那杯凉透了的咖啡，浑身带着光。

记性不好的我，关于他的一切都记得很清楚，那些细微的小事在我的回忆里封存。

我们聊了许多，但是最清晰的是他那两颗可爱的小虎牙。

电影院里，他想假装牵我的手，我害羞地躲开。

我还知道他根本没有认真看电影，总是偷偷盯着我看。而我，嘿嘿，电影演了啥我根本不想知道！

分别的时候，我送他上车。因为我总觉得他这么可爱的小男生，会不会迷路了。这种如同妻子对待丈夫般的照顾，让往后的我回想起来，才会明白那时候的情深。

他是世界上第二个爱我的男人，第一个是我爸。

而他，真的就像对待小女孩般哄我宠我。

比如肯德基推出了新的汉堡，傻傻的他就去买了一个给我，说“那个人说这是新出的，女孩子应该会爱吃。”

他会看着我狼吞虎咽，就像看着亲女儿，眼神简直温柔得能滴出水来。

他也会包容我的任性。我曾去过他的学校，一人一根冰棍，我故意吃得飞快，然后趁着人多的时候，大声埋怨他：你就顾着自己吃，都不给我买！惹得周围的人都向他传来异样的眼神，他却对着我笑，充满了宠溺。

我们从不会吵架，因为无论我怎么“作”，他总是用以理服人的态度摆平了蠢蠢欲动的我。

这样的男友力，让我很是依赖，而我也越来越确认，他真的爱我。

我也爱这样爱我的他。

2014 年 9 月，他要入伍了。我们热恋了七个月，异地恋了七个月，而现在，即将要开始为期两年的异地军恋。

他说，等我两年，我回来娶你。

我说，好。

入伍后十天，他第一次打电话给我。听着他好听的声音，我能想象得到他坏笑着，呲在外面的两颗小虎牙。我开始想他了。

2015 年 2 月 14 日，我们在一起的一周年纪念日，也是我的生日，他打电话给我。本来我还想要假装得云淡风轻，可是一开口却哭得一塌糊涂。他温柔地说：“生日快乐，我们回去就领证吧。”

我笑了，说我要求婚。还要一枚男生一辈子只能买一枚的 DR 钻戒。

他说，知道，回去我就给你买，一生就给你一个人。

2015 年 5 月，我一个人坐了 20 个小时的火车去看他。整整八个月了啊，我终于要见到我的爱人了。

当他出现的时候，我激动得不顾任何形象，只想紧紧抱住他，就像八爪鱼一样粘在他身上永远不松开。

可是，短暂在一起 7 个小时过后，他送我上车站，我再次忍不住哭起来。我们还有那么多话没说，那么多思念没有倾诉，却不得不分开了。明明想要面对面却在走远，想要肩并肩却成为奢侈。

为了让我不那么难过，他一路上都讲着段子想要逗笑我。可是，我却知道，他也偷偷在抹眼泪。

军恋是多么痛苦的一件事，每个月只能通过那寥寥可数的几次电话联系。而我们就像在和所有的时间做抵抗一样。在过去大半年我们见面仅 7 小时，而所有剩下的时间，我们都通通只能用来思念。

见面时等你两个小时，如今，再等你两年又何妨？

如果未来有你，我一定会克服所有磨难，跑着过去。

因为你是我的意料之外，也是我的命中注定。

DR
Darry Ring
寄语

你就是我一生中预料不到的意外呀，女汉纸也会变得柔情，三分钟热度也想爱你一生。你看，世上所有的道理，都抵不过一句轻轻的“我爱你”。

5.
白纱和绿军装

改编 /Candy

也许只有经历过异地恋的人，才更懂得爱情的真谛。

可现实中还有一种感情比异地恋还要无比珍贵，那就是军恋。

如果说异地恋是一个透明的罐子，你能看得见却摸不着。那么异地军恋，却连看都看不见。

那一年，我读大学，他在部队，两个本不会有任何交集的人，就这样撞在了一起。我们被对方的优点吸引，明知将是一场苦恋，我们也毅然决定牵手走下去。

而这条路，比想象中更加艰辛。三年来，我们见面的次数屈指可数。两人距离相隔甚远，再加上部队的限制，最多只有两小时让我们相见。

有一年他生日，我独自坐了十几个小时的火车去给他庆祝，结果相聚的时间不足两个小时。当他在火车站抱了抱我，说谢谢我来陪他过生日的时候，我的眼泪顿时决堤。然而，我还是只能带着不舍和眼泪坐上归途的火车……

平常想念他时，就把这份思念寄托在电话里，把思念的情绪说给他听。可有时连这也变成一种奢侈，导致我因为错过他好不容易打过来的电话而痛哭流涕。

有一段时间，我遭受了学习上、生活上的多重压力，当时是多么希望他可以给我一些安慰。可是部队的苛刻，竟让我这样一个简单的愿望都无法实现。说没有放弃的念头是骗人的。一段无法相见无法相互倾诉的爱情，是否还有坚持下去的必要呢？

可当我接到他电话的那一刻，这番疑虑瞬间消失得无影无踪。因为他说，他在为我们的未来努力。其实，他何尝没有在努力呢，他也在默默坚持着啊。他笑了，我也笑了。煎熬的日子，终究会过去的。

虽然，身边的朋友都劝我们放弃这段军恋，因为残酷的现实就摆在眼前。可我们还是坚持下来了，痛并快乐着。三年来，我们笑过，幸福过，也哭过闹过，可还是紧紧牵着对方的手。因为我们都明白，相爱，并不是两个人时时刻刻要绑在一起，即使我们离得这么远，但是我们的心却从未远离。再远的距离和时间，终将敌不过我们的坚定。

Darry Ring
CERTIFICATE

也许是我们的不懈坚持感动了上天，2014 年 12 月，他退伍了，来到我工作的城市，此时此刻，我们终于可以像之前期盼的那样，做一对平常的情侣，一起手牵手逛街，一起计划旅游，一起吃烤面筋，一起吃酸辣粉，一起坐火车，一起过节，一起回家……

为爱情吃过的苦，在这一刻是那么的值得。

2015 年 5 月，我们订婚了。

2015 年 7 月，我们去威海拍婚纱照。

2015 年 8 月，我的生日，他送了我一枚 DR 钻戒。

2015 年 10 月 1 日，他脱下绿军装，我穿上白婚纱。

这个如童话般的结局让我相信，爱情的力量多么伟大。因为爱，所以我们一路坚持；因为爱，所以我们心甘情愿；时间和距离，成为了感情道路上的动力，让我们更加成熟，携手走过的时间里，更加珍惜彼此。

DR Darry Ring 寄语

幸福是需要坚持的，真爱是需要等待的。美好的爱情在相聚的那一刻都是值得的。只要是真爱，最后都会得到大家的祝福。把祝福献给所有正在坚持的军恋们，只要是真爱，最后都会收获童话般的结局！

6.
你是我的命中注定

改编 /Candy

遇到他之前，我对爱情已不抱什么希望。经历过失败的感情，我发觉爱情并非想象中那么美好。过去的伤心与难过，我都交给时间去解决，让时间来尘封。

我从未想过，他的出现能让我重新燃起对爱的希望。

我们是相亲认识的。

老实说，我对这种将两个陌生人硬凑到一块儿的形式很抗拒。

然而，在亲戚的软磨硬泡下，我最终还是屈服了。

后来，我一直很庆幸自己当初的选择。爱情迟早会到来。它有时候慢慢靠近，有时候突如其来。也许来得不那么合时宜，来得不那么理智，来得让你束手无策。但在你的余生里，它一定会来。

在地铁等他的时候，我一直在想，他会是怎样的一个人呢?

结果，他是这样出现在我眼前的：牛仔裤、休闲 T-shit、斜背包、梳着类似《灌篮高手》中赤木刚宪的发型、1 米 8 的身高。总之，是一个非常阳光的小伙子。地铁人来人往，他却足够出众。

因为我对星座和生肖感兴趣，我们便从这个话题开始。

他是巨蟹座，属虎。

“巨蟹座很顾家呀！”我心里偷乐着。

后来我们成了微信好友，时不时就闲聊。

回去的路上亲戚说：“我看你们俩有戏。”

我当时不信，可现在回头想想，明明才第一次见面，我就愿意敞开心扉去交流。

相亲后的某一天，他发微信找我：“我在你公司门口的公交车站，你能出来一下吗？”我吓了一跳，借口说在忙，拒绝了他。

过了一会儿，他问了我的手机号码。傍晚时分，来了一个陌生电话，我的心砰砰跳，因为直觉告诉我，就是他。

按下接通键，真的是他。

我调侃：“要是我忙到没时间看手机，你岂不是得在公交车站等一下午？”

他笑着说：“是啊，我后来想想，居然没跟你要手机号码，怎么会这么傻？”

后来，他经常给我打电话。

明知道我工作很忙，每天还是会雷打不动地打来电话问候。

我问他：“为什么明知道我那么困，还是不让我睡觉呢？”

他说：“因为你每天都很忙，我们很少能在微信上聊天，你偶尔才理我。虽然很抱歉打扰到你，但就是想和你说说话。”

因为他这句话，我的心好暖好暖。我是一个戒备心很强的女生，突如其来的关系会让我措手不及，遇见一上来就亲密打招呼的人我也会存在戒备。打动我的从来不是花言巧语讨人开心，而是恰到好处的距离和真挚的内心。

渐渐地，我习惯了晚上和他煲电话粥。有了他的陪伴，生活也变得有趣多了。

这一切都是因为，他带我走进了阳光里吧。

接下来的半年，我们的感情日渐深厚。

求婚那天，是我这辈子最难忘的时刻。

他拿着一大束玫瑰花，单膝跪在我面前，拿出 DR 钻戒，认真地说："baby，我们已经认识 259 天了。遇见你是我这辈子最幸运最幸福的事！我不会说很多甜言蜜语，我只会用行动来表达我爱你。请你嫁给我好吗？"

透过他真诚的眼睛，我看到一个在爱情里美好的自己。

"I do"，我缓缓地说。

DR Darry Ring 寄语

世界上的相遇都是有理由的，正因为一些错误，才会知道，什么样的人，值得相守一生。而那个对的人，他会循着缘分的指示，一路跌跌撞撞地找到你，牵起你的手，给你美好的一切，让你再次相信爱情。

7.
You Are My Hero

改编 /Mango

相聚 1000 多公里的异地军恋，你身处绿色军营，我守望于军营之外。

每一天最大的期待，就是睁开眼，你还在。

可是长长的距离，硬生生将我们隔开。

异地军恋让我学会了坚持、隐忍，一个人生活。

也有怨言，不舍，想放弃的念头。

但是因为爱你，我舍不得离开；

因为爱你，我心甘情愿地等待；

千里之外，你的城市有我的思念因子，

想念你的时候，我会经常在脑海里描绘着你在军营中的生活：

周末的清晨，醒来，出操，喝一杯水，开始清爽的一天。

一边看书，一边听音乐，听到《千里之外》时，你会不会想起我呢？

到了夜晚，打电话，打扫卫生，整理内务，开会，洗漱，道晚安。

身在军营的你，并不能时常收到我思念的讯号，但是你心里肯定知道。

电话里的你，有时候会给我唱一段正在练习的军歌。我假装很嫌弃，其实会偷偷把你唱的歌录下来，那也是你生活的一部分呀。这样以后想你的时候，我

就能一个人循环播放你的歌声了。

有时候，你也会说几句情话，那些在网上抄来的句子，老套又常见，但是从你口中说出来，也会将我感动得眼泪汪汪。在见不到你的日子里，你的声音，就是我坚持下去的动力。

但是并不是每一次都这么幸运。

打电话的时候，我们经常被集合的哨声打断。

我只能咽下剩余的话，去吧，我等你。

电话里传来嘟嘟嘟的声音，我欲言又止。

在我心中，你是我伟大的英雄。

有天收到你的信息，打开来是一张相片，一身迷彩服的你，指尖有色彩斑斓的蝴蝶屹立。

你说：“送你一个帅哥，帅到蝴蝶都被迷倒了。”

我低头，淡淡地说：“请你把帅哥送到我面前吧。”

半晌不见你回复，良久，你回了一句：“乖，对不起，等我休假。”

我能够感受到你语气中的难过，说好的休假时间，却一次次地被推迟。

一颗见你的心，总在期待与落空之间徘徊。听到你说要回来了，时间便过得很快，就像坐在旋转木马上的快乐时光，让人依依不舍。但是，当你说取消休假时，时间又被拖得很长很长，好像一辈子，都要在等待你的回忆里度过。

直到半年后，我才如愿见到了你。当我在车站的人群中发现了你的身影，一路向你飞奔的时候，我真希望时间永远停止在这一刻。

这一刻，你就在我的眼前，下一秒，我便能感受到你真真切切的体温。你摸摸我的头，问我：“跟我在一起是不是很辛苦？”我的眼眶泛红，看着你又被晒黑的皮肤，点点头，说：“真的特别辛苦，可是见到你的时候，又特别开心。”

我挺讨厌自己这么爱你的。

因为爱你，每次你说有任务的时候，我都只能够强忍着思念说，好，我等你回来。却不能反抗一次：你就不能回来看看我吗？

因为爱你，每次你被派到偏远的地方，我都要在失联的状态下担心你过得好不好。却不能够直接让你留在我身边，再也不要去什么鬼地方。

因为爱你，每次你在电话里问我最近过得怎样时，我都元气满满地说：“我很好啊！”却不能够在你面前撒娇，说其实我一个人真的没那么坚强。

可是爱与恨总是交织在一起，当我恨你不回来时，不过是因为爱你而渴望见到你；当我恨你心里没那么爱我，还有个国家搁在我前面时，不过是因为在乎你而期盼在你心里多占一些位置；当我有了恨你的想法时，不过是因为我爱你。

你没那么体贴，不能随叫随到，一句“我还有任务”，就可以“晾”我很多天。

你没那么温柔，生气了依然会吼我。

你没那么完美，有一身的臭毛病。

你没那么爱我，排在我前面的还有国家。

可是那又怎样，你坚强，执著，勇敢，为国争光。

在我心里，你就是我的大英雄。

他们说，军人的右手是用来敬礼的。

那么我就选择站在你的左手边，最靠近你心的地方。

You are my hero. 我会一直等你，爱你。

Dairy Ring 寄语

军恋，有欢乐，有泪水，有思念，但更多的是相守，是对对方的不离不弃。祝所有正在异地军恋的你们能有一个美满结局，也祝福那些勇敢选择了异地军恋的你们永远幸福，不负等待。

8.
北城以北，南国以南

改编 /Mango

曾经看过这样一句话：“祝你遇到那个对的人和那件对的事，让之前种种狼狈不堪都成为伏笔。”或许，在遇到对的那个人之前，我们曾经经历过的种种，都不过是为了历练我们，让我们变成更好的人，才有资格去站在对方的身边。

遇到他，是在公司派我去北京培训的时候。

他是总公司的员工，负责我们的培训事宜。

常年住在广州的我，是第一次到北方。

头几天因为水土不服，我经常在培训的时候感到疲惫，努力提起精神，却适得其反。

在茶水间休息时，他端着一杯水在我面前坐了下来。

他把水递给我，问了问我的状况。

在了解只是水土不服的症状后，他有点松了一口气的样子。

后来我才知道，因为他看到我一个从小生长在南方的瘦小女生，独立又坚强地努力适应着气候干燥的北方，面对节奏紧凑高强度的培训，仍然面带微笑，充满活力，他渐渐被我吸引。

而他开始走进我的心，也是因为那次微小的问候吧。我很少在别人面前示弱，总是把自己伪装得很好，这次居然被心细的他看了出来。

两个星期的培训时间很快就过去了，在这期间，我们也渐渐了解了对方。

他是北京本地人，熟知北京哪条小巷的小吃最正宗，有空的时候常带我们去品尝。

离开那天，我去和他打了个招呼："有空也来广州玩呀，我带你吃不一样的美食！"

"好！"他回应得如此干脆。

一回到广州，我又投入到了工作当中。忙碌的工作使我无闲暇去想过多关于感情的事情。

直到有一天他在微信上写："要来广州出差，有没有空？"

我爽快地回了一个字："有！"

其实一直记着与他的约定，只是没想到机会这么快到来。

那个周末，阳光很好，我们约在公司碰头。

许久没见，此时温暖的阳光均匀地洒在他身上，他还是印象中那个很有礼貌、温文尔雅的男孩子，专注，又很温柔。

吃吃喝喝的一天结束后，我们就此别过。

和他待在一起很舒服，时针走得也比平常快很多。

回到家，他打了个电话给我。

瞎聊了一通后，他清了清嗓子："其实我这一次约你出来，是想对你说，我喜欢你。在你回广州之后，我经常会想起你。今天一直没有找到机会当面对你说。我觉得我不能再拖下去了……"我很惊讶，还有一点点开心。

但是，异地恋的现实摆在眼前，我依然犹豫。

幸福是什么呢，他能够给我吗？在异地的城市，他能够为我做到什么呢？当心里的答案渐渐明朗，我才明白了自己的心。其实自己并不需要他给我什么，只要想起他，我的心里就觉得满满的。只要见到他，就有一种天然的开心，这种开心就像是节日，让人忍不住想庆祝。

于是，在培训之后的三个月，我们正式在一起了。

一段异地恋也就此拉开序幕，转眼便是三年。

三年来，因思念带来的泪水数不尽，因相见带来的甜蜜也难忘记。

一路走来，他的温柔一直包容着我的不安分。

我在心里早已认定，他就是那个对的人。

与他在一起，就是对的事情。

北城以北，南国以南。

虽然相隔近千公里，我们却有着相同的步伐。

我们看同一个电视频道，看同一部电影，玩同一个游戏。

有次玩五子棋的时候，他在整个棋盘上乱下棋子。

说，猜猜看我的黑棋连起来像什么？

我看不出来。

他说，是飞机呀，这样我就可以马上飞到你身边了。

一时间我哽咽了。

人生中有此陪伴，足矣。

DR Darry Ring

寄 语

现在的我在南你在北，下雨不能撑同一把伞，但今后的我们能在同个屋檐下等雨停。当城市的距离不再是距离，一切就离幸福越来越近。DR 族衷心祝福你们，能够拥有一个幸福结局。

9. 你是我永远的大白

改编 /Mango

《超能陆战队》上映的那段时间，每个女孩都渴望拥有一个温暖的“大白”，呆萌又善良。作为医疗机器人，能够检测出你的情绪，还能在你低落时给你一个大大的抱抱。若有这样一个男朋友，那么天底下的情侣都不用吵架了，只要抱着他气就会消啦。幸运的是，我就拥有这样一个大白。当他变成大白从天而降时，我简直不敢相信自己的眼睛，或许，他就是上天派给我的、陪我一辈子的大白男朋友。

遇见大白，要从一场平淡无奇的学习论坛开始。那时的我完全是个菜鸟，心里想的只是去学习新东西。万万没想到，最后还带回了一个男朋友。

大白是我们组的组长，外表看起来冷冰冰的，其实是个心地善良的大暖男。当我们完不成老师布置的作业时，他会帮我们辅导一整个通宵，一步步地耐心解释，直到我们全都弄懂。时间很快就到了第二天的早晨，大家都撑不住了，倒头就睡。

我偷偷睁开眼睛，刚才那个条理清晰、说话谦逊的男生，现在正安静地在我面前睡觉。现在不是流行“Smart is the new sexy”么，何况，他的侧颜还这么好看。正当我盯得目不转睛时，他突然睁开了眼睛，对视了三秒后，我赶紧打了个哈欠，假装自己也刚好醒来。安静的房间里，我听到他似乎笑了一下。完了，肯定被发现了，我把头埋在桌上的资料里，不想被人看到我羞红的脸。

全身心投人的时间总是过得很快，论坛结束的时候，我们和小组的人互相拥抱。轮到“大白”时，我的脸瞬间滚烫起来，是因为崇拜？还是因为那晚的尴尬？我也搞不清楚。但我却明显地感觉到，他拥抱我的力度有点大，跟其他人敷衍式的拥抱不同。我不敢多想，只当是未曾察觉。毕竟，我们只是相处了一个礼拜嘛。

回到家后，我又恢复了以前的生活，与小组的人仿佛萍水相逢，再没联系。不同的是，大白会经常找我聊天。有天他在微信上说：“我去找你好吗？”这简直让我受宠若惊，心里也期待再次见到大白，便把上班的地方告诉了他。

谁曾想到，他竟然是这样一个大白，有着大白的暖男特性不说，他还装扮成了大白的样子出现在我面前。

那时正值七月，气温烤得人走路都有气无力的，浑浑噩噩走在下班路上的我，却被眼前一个庞大的大白惊醒。

他走到我的面前，堵住了我的路，还递给我一封情书和一支玫瑰。“我今天是走桃花运吗？这两个礼物简直激发了我的少女心！”正当我沾沾自喜时，大白摘下了他的头套，露出了大汗淋漓的一张脸。是他！我惊呆了，冲上去就抱住了他。这时，他也用厚厚的手臂环住了我，说了一句我永远都不会忘记的话：“让我永远做你的大白好吗？”我拼命地点头，抱着他傻笑。

在那个炎热的傍晚，有一丝风吹过耳际，我的内心充满了惊喜和感动，我紧紧地抱着大白，仿佛一松手他就会飞回太空。“好啦，我都快被热晕了。”他的一句话，突然就把沉浸在浪漫中的我拉回了现实。

从此，我的生命中多了一个名叫大白的男朋友，而他又给我带来了很多大大小小的大白，大白的手链，大白的睡衣，大白的驱蚊灯……大白充斥了我生活的每一个角落，看着它们，我心里也很满足。

大白就像真正的大白一样，能够捕捉到我的情绪，在我生气的时候，给我一个大大的拥抱，主动认错，不给我生气的机会。在我烦恼的时候，会摸摸我的头，说没事没事，大白帮你解决。这么贴心和温暖，他简直就是上帝派来的天使。

大白给了我那么多的惊喜和感动，当然，也会有惹我生气的时候。原来并非有了大白就天下太平。但我还是想对大白说，当有一天你伤心了，我也会帮你粘上胶布的。因为我爱你。

DR Darry Ring
寄 语

每个女孩，甚至男孩都想拥有的“大白”，竟然真的存在，真是让人羡慕嫉妒恨！从天而降的大白，也是因为特别的你，才会来到你的身边。让我们都变得更好，一起去等待、去迎接大白出现的那一刻吧！

10.
张先生，你好呀

改编 /Mango

我这么平凡，平凡得在人群里一抓就会有一大把像我这样的女孩，没有美丽的相貌可以让别人嫉妒，也没有出众的才华让别人羡慕，更没有优越的家庭条件来支持我去挥霍。这些事实我都知道，但是在我身旁的他，却对我说，在他心中，我就是独一无二。

在我的博客里，记录了我们这几年相遇、相识、相爱的奇遇。它提醒着我，现在的我们，不仅拥有不可磨灭的过去，拥有努力坚持的现在，还有着对未来的共同期待。

2011 年 11 月 11 日 光棍节的奇遇

遇到史上最最单身的光棍节“111111”，我和宿舍的“单身狗”约好在宿舍开 Party，过我们自己的节日。

其实是因为害怕出门被情侣们虐得你死我活吧。

无聊的我去“贴吧”逛了逛，建立了一个老乡群，聊聊天打发时间。

在群里，有一个感觉还挺聊得来的人，他也在读大学，不过比我大了一级。

说起来我还得叫他师兄呢，那就叫他张师兄好了！哈哈。

2012 年 1 月 1 日 电脑 QQ 视频后

最近常与张先生视频聊天，从第一次的紧张到现在的轻松应对。

和他聊天真的很开心。虽然我们在不同的地方，但他每次都能 get 到我的笑点，我也喜欢听他讲他的故事。

这样，算是喜欢一个人了吗？

每日的相见成了习惯，但是，见与不见，你都在我心里。这是我想对张先生说的话。

只是不知现在的时机，对我来说算不算正确，突然想起陈升开过一场“明年你还会爱我么”的演唱会。

也许，喜欢就在那一时三刻，只是现在的喜欢，能够撑多久呢？

在今昔问那人“明年，你还会爱我么？”又会得到怎样的回答？

怎么才刚开始喜欢一个人，就会有这么多乱七八糟的想法啊，真烦。

2012 年春节 小雪人西餐厅

放寒假回家，第一次见面。没有尴尬，没有害羞。

我们就像认识了很久的朋友，很自然地聊着天。

或许，不同的是，我看到了真正的他，还多了一点心动的感觉吧。

不是视频里那么遥不可及，而是坐在我对面，可轻易触碰的他。

送我回来的路上，他主动牵了我的手，我没有拒绝。

当我触碰到他手上的温度，心在那时候紧了一下。

他的手好暖，温暖了我冰冷的双手，这么真切的触感，我想以后都忘不了。

我们就这样自然而然地在一起了。

今天真是特别的一天，因为以后的人生旅途，多了一个他。

2012 年 5 月 29 日 成都火车站

我背着一个小兜子站在出站口，不停地张望着，终于在人群里发现了他。

他背着一个书包，穿着牛仔裤、白色 T 恤、蓝色外套。

他比我早一年毕业，为了我，竟毅然决然地跨过 2600km 的距离来找我了。

他曾对我说，总有一天，他会来到我的身边。

他说过的话实现了，在我见到他的那一刻。

从此，可以一起牵手逛街，一起买菜做菜了，想想就觉得超幸福。现在的我，无比期待今后的日子。

2013 年 12 月 30 日

简单幸福的日子很快就过去了。

这段时间里，张先生改了行，不再做牙医。

我也从学校里走出来，经过各种曲折的面试、实习，找到了一份月收入还不错的工作。

只是我们最近在计划回他的家乡发展，让生活更加稳定一些。

不知前途如何，但是有他在，我就什么都不怕。

2014 年 中秋节

6 月份的时候，我生了一场大病。

那之后反反复复做过两次手术，他一直都陪在我身边。

中秋节之际，让他回家团圆他也不听，坚守在医院，怕我孤单。

每次醒来看到他在，心里都会暖暖的。

他也因为照顾我，憔悴了许多。

快被疾病打败的时候，我都会想起张先生的脸，想让他重新绽放笑容，想让自己赶紧好起来。

2015 年春节

因为某些原因，他家里人反对我们在一起，这让我很难过。

很多次我都想放弃，不愿意他因为我和家人闹翻。

他却丝毫没有放弃的想法，而是一遍遍地对我说，他会和家人谈好的，让我也要坚持下去，不抛弃不放弃。

说这些话的时候，他的眼睛像最深的黑夜，藏着万家灯火，万家灯火里还有一个我。

我说，好，不离不弃。他笑着把我搂入怀里。真温暖啊。

现在的我们，一直都在坚持。曾经的我一个人面对着这个残酷的世界，谁知还有一个他穿越了人山人海，越过了高高城墙给我拥抱。告诉我不必再害怕这个世界，给了我整个世界的温柔。是这样一个他，让我相信，虽然前方还有很多难过的关卡，但是我们相信，一定可以熬过去，成为真正的家人。

我们也期待着，美丽的未来，会有 DR 钻戒替我们见证。

DR Darry Ring 寄语

少女心事的记载，让我们见证了一路走来的幸福与甜蜜，DR 也祝福你们，希望你们的坚持能够收获一个美好的未来。加油！

11.
我来到你的城市，走过你来时的路

改编 /Mango

“媳妇，我过会儿上飞机了，别担心我。”

一夜没睡的我，在快天亮的时候迷迷糊糊中接到你的电话，打完电话之后，你就像梦一样，从我身边飞走了。

放下手机之后，我一头倒在床上，任眼泪在枕头上流个不停。

你才刚走，我就开始想你了。

想起以前每一次你要走，我们都会吵个不停。其实吵架的原因只有一个，我们谁都不想离开谁，但是现实往往不能如此，我只能把气往你身上撒。

可是你知不知道，你不在身边的每一分每一秒，都是煎熬。

一个人的时候，最怕被思念包围

你到了西藏之后，因为高原反应，每天都很难受，和我打电话的时候也有气无力。

我的心天天悬着，看着你难受却无能为力，只能在家里心疼地哭。

不当兵不知道部队的苦，我甚至想让你退伍，你却安慰我说没事的，适应了就好。

持续了大概一个星期，你终于适应了西藏的环境，和我打电话也开始兴高采烈了。有时你会发给我几张西藏的景色，天空那么蓝，就像是专门布局的背景，一尘不染，给人无比圣洁的感觉。

“我要去西藏！”终于等到了暑假，我很兴奋地和你说这个消息。

“这么想我呀？”你虽调侃着我，语气里也听得出很开心。

“一点点啦，其实我是想去领略西藏的神圣，顺便看看你。”我不想让你太得意。

没有你在的这段时间里，我每天都惦记着你在做什么，会不会也在想我呢？当想念的感觉如潮水般涌来，我只能够被困在其中，任随其将我推到任何一个与你在一起的场景。一个人的时候，最怕这种被思念包围的时刻。

爱上一座城不是因为这座城有多好，而是因为这里有你爱的人

放假当天，我立马坐飞机经转喀什到了阿里。

在机场见到你的时候，看到你晒黑了那么多，人也憔悴了，心疼得我差点哭出来。可是看着你露出白白的牙齿一直对着我笑，我也不能刚见面就哭得像个泪人。

去西藏前半个月，你一直嘱咐我要天天喝红景天，多亏了你，我的高原反应才不至于那么严重。

你带着我在普兰吃吃喝喝，还去了尼泊尔的边界。

第一次去科迦寺的时候，从一进门，一路到出了科迦寺，我都虔诚地祈祷愿你在外面能够一切顺利，照顾好自己。在虔诚的祈祷中，我真切地感受到信仰的力量，好像得到了一个肯定的回应。

你带我领略了迷人和圣洁的圣湖，美丽和宁静的鬼湖。美轮美奂的湖水，就像一颗蓝宝石，散发着迷人的色彩。在阳光的照耀下，湖水闪闪发光，如同星星闪烁。在这般寂静安详的美景前，我感觉尘世的喧嚣都离我而去，仿佛身处在桃花源，更重要的是，我身边还有一个你。

见过那么多的美景，若是没有了你，就没有这么深刻的意义。

可惜，到了温泉的时候，我的高原反应突然加重了，一整天都很难受，到下午还嘟囔着要回普兰。可惜那时太晚了，已经没有了回去的车票。你只能不停地安慰我。

晚上的时候，我发烧了，那么低的气温下，你去帮我烧开水，一口一口地喂我喝。我一夜喊冷，你便抱着我睡了一晚。在你的细心照顾下，第二天我就退了烧，恢复了精神。

后来的我们一起泡温泉，享受大自然的馈赠。而你，也是上天给我最好的礼物。在不同的地方，我发现了一个熟悉又新鲜的你。钱钟书曾经说过："如果你爱一个人，那就和她去旅行，如果旅行后你们仍然相爱，那就结婚吧。"一场高原反应，一次旅行中的发烧，都给这次旅行增添了更加难忘的经历。这一次西藏之旅，是我一辈子都不会忘的回忆。

如果我爱上你的笑容，要怎么收藏要怎么拥有

你会陪我打雪仗，陪我体验大冒险，每一次遇到有趣的事时，你都会笑得像个小孩。当我在你的眼中看到了纯真的眼神时，我都能够感受到一个最真实的你。

看着你笑，我就会忘记你去远方时的难过，忘记我们争吵时的怒气，忘记偶尔嫌弃你的时刻，忘记世间所有烦恼，只想跟着你开心起来，和你一直傻笑着。

可惜现在的我，还要忍受与你分离的时刻。每当你不在我身边，我就会无比羡慕你身边的每一样东西，羡慕与你在一起的战友，羡慕你们能一起吃饭，羡慕你走过的路，羡慕你看过的风景。他们都能够见到你，而我不能。

当我和你说出这一段话时，你立马拍了张笑着的相片给我，肤色还是那么黑，

牙齿在反差下显得那么白。

你说："存在手机里，这样你一打开手机就能看到我了。我不是也陪在你的身边了吗？"

你知不知道，因为是你，我看到我们的未来不会有终结的一天；因为是你，只要在你身旁我就很安心；因为是你，我才会心甘情愿地等你回来，等那一天早点到来——每天都能见到你的笑脸。

DR Darry Ring 寄语

在一个地方熟悉彼此，在旅行中重新认识对方。多么庆幸，在旅行中发现他仍是自己爱的那个人。来到你的城市，与你并肩走一段路，走啊走，就走到了两个人在一起的城市。

03 小故事，真爱情

PART

1.
七件名叫爱情的小事

改编 / 咩咩

1.

那是一个很稀松平常的夏日午后，

蝉鸣依旧，风继续吹，

世界看似没有什么不同，

只是我的世界开始风云变幻，

因为你，向我表白了。

2.

毕竟学生还是要以学业为重啊，

因此我一直犹豫要不要答应你的表白。

没过多久，我的 19 岁生日就到来了。

你知道我很喜欢《天若有情》这部港片，

你就特意梳着影片里华仔的发型，骑着摩托车，

酷酷的帅帅地出现在我家门前，接我去兜风。

我在亲妈的揶揄目光中，像个小媳妇般羞答答地坐上了车。

夏夜，江边，我和你，

具体聊了什么如今已然忘却了，

只记得你把手表塞在我手上时，

你脸颊上浮现了两朵可疑的红晕。

3.

我们的大学在不同的城市，

所以只要一开学，我们就属于异地恋了。

每一次在车站与你分开，我都哭得无法自拔，

你的一句“不要哭”，会更加重我的离别伤感情绪。

什么时候我们的爱竟变得如此浓烈，是一开始的我无法想象的。

毕竟我一向是个以冷静自居的人呐，说好的喜怒不形于色呢。

4.

因为我给一起长大的好兄弟“竹马”送生日礼物，

你就吃醋了，整整一天都不和我说话，

我真的是哭笑不得。

拜托，我和他从刚学会走路就认识了，

要是会发生什么爱情，早就发生啦。

不过看着你吃醋的样子，我还是挺开心的，

那代表着你爱我，心里有我。

5.

有一年我们专业期末考试结束得特别早，

想着反正这么早回家也没事做，

我就索性去到你的学校，给你一个惊喜。

至今还记得电话里的你以为我是开玩笑的，

但是见到我真的出现在眼前那不可置信的表情。

接下来那几天你都带着我在图书馆里复习看书，

你说很抱歉没法陪我好好玩，

我说没关系的，

我只是想过来看看你而已。

6.

几时起的爱意呢，如此分明而难辨。

我有次靠着窗边发呆时，想起了这个问题。

从一开始的有好感，变成现在爱得如胶似漆，

中间有许多次的心动。

我喜欢背着我，背我走过整个彩云梯的你；

我喜欢细心照顾生病时候的我的你；

我喜欢会给流浪猫喂食的你；

我喜欢偶尔会对我撒娇的你；

我喜欢无论是银行卡还是社交软件的密码都告知我的你；

我喜欢为了我不顾一切的你。

7.

庆幸在我最美的年华遇见你，把日子过成诗。

我们都是彼此的初恋，相爱以来从来没后悔过当初的抉择。

你说，有生以来做过最正确的事情就是和我在一起。

我想说，我也是。

Darry Ring
寄 语

纯真的初恋，因为没有套路，不会去计较得失，所有的付出都是用尽全力，才会那么令人刻骨铭心。那些小事，汇聚起来就是大大的爱呀。

2.
他的怀里，有一个天堂

原作者 / 我不滥情－只是没有心
改编 / 被窝里的一只袜子

他是厨师，总变着法儿给我做好吃的，也许是他深谙“拴住女人的心要先拴住她的胃”，总之，当我立志要做一个健康的小胖子时，他开心极了。

我们同龄，摩羯座，认识六七年，生日差六天，他高我十公分。有一种类型的人，在生活中极度缺乏安全感，占有欲也很强，我就是这样的人——而我的厨师，他总是喜欢静静地看着我造反的样子。

说得少做得多，以静制动，但这招对我非常有效。

他的怀里有一个天堂。

亲密的情侣最亲密的时光在夜晚，在最容易感觉到孤单的时刻，只有一个人能够让我觉得，他的怀抱，就是我的天堂。

我睡相差到人神共愤，无可救药。他和我正相反。于是直到现在，每个踢被子的夜晚，都有他帮我盖上，有时我睡得迷迷糊糊会察觉到他边盖被子边碎碎念“怎么这么爱踢被子”，念完亲亲我继续睡。我有时候闹着要睡外面，但我容易滚下去，他总是往里面躺，因为我老喜欢抱着他睡，我离他稍微远了点他一伸手就把我捞回去了。

我脖子经常不舒服，所以我会和他里面外面换着睡，我很自私，每次都说“今天你睡外面你去关灯”、“今天你睡里面你去关灯“。他总会从床上爬起来去关灯，

但从不说我。

有一种爱，是潜意识里待在爱人身边才安心。他那时候还住在宿舍，偶尔来我这里。有一次同事聚会他喝得烂醉，半夜跑来找我，一开门看到我就抱着我闭眼躺下了。第二天醒来后，他说："我不知道我来找你了。"喝得这么醉都没走错路，心里暖暖满满的。

所有的爱，都在微末里存在

我以为自己不会记得那些微末小事，但细细品味，却发现所有的爱，都是这些微末小事填满的。

四次搬家都是我收拾他在搬，细想起来，平时有什么重的东西他从不让我提。

每个周末我休息都习惯性等他下班，不论开心难过吵架都一路牵手回家。

懒的时候会不想洗衣服，看他帮我洗内内的时候真的超性感。

一起买了奶牛睡衣，每次穿上我都会说："我要变身了！"他总是笑眯眯看我逗他笑。

他说我适合粉色，时间长了，我真的从拒绝粉色变成了喜爱粉色。

我曾对他说：希望我们身份证上的有效期是同一天。结果身份证要过期回老家办理的时候，我工作忙不能和他一同回去，他就一直在等着我一起去办理。

还没在一起时，他带着我溜旱冰，过马路时我一直冲，有车驶过，他快我一步冲到我面前拉住了我，撞进他怀里那一刻，怦然心动。

我肠胃炎了，他请假在家照顾我，睡着睡着发高烧，他给我加被子我还是冷，他就用他的体温给我取暖，后来我实在受不了，哭着让他带我去医院打退烧针（我最怕针头），他把我包得严严实实，在医院我趴在他怀里打针，哭惨了，他很有耐心的一直哄我，出门的时候还记得带上我的保温杯。

总有那么几句话，是记一辈子也不算久的

在一起一年多的时候，他说："即使你以后做错了很大的事情，只要你来软的，恐怕我还是得原谅你啊。"

有一次和他开玩笑，我问：“把你卖给我多少钱啊？”他说：“拿你去换呗”。

有个周末，那时候他还没搬过来和我一起住，他上班前买了一堆食材到我家煲汤给我喝，然后匆忙去上班了，我发短信：“你这样会让我离不开你的”。他回复的是：“手脚不听使唤啊我”。

有一次他惹我不开心，但他工作回来后就睡了，太累了，我不满：“我们该算账了”，他说：“一辈子这么长，慢慢算”。

我们的专属相册封面设定的是 DR 钻戒的求婚钻戒，他在上面加了一行小字：慢慢地让它实现，好吗？从黑发到白发，来一辈子，认真的。

嗯，我也打算从黑发到白发，和你来一辈子，认真的。戴着那枚你一生只能送我一人的 DR 钻戒，约定终身，来一辈子，认真的。

Darry Ring 寄语

黑发到白头的誓言、一辈子的账、说不完的情，每一段故事都是平淡的小事，但却让人感受到幸福的味道。正如你所说的那样，现实里的爱质朴却耐人回味，所有的爱意，都是由这些微末小事填补起来的，就像，只属于你们两个人的爱情密语一样。这段记忆，一辈子难忘，一生只有这一回，祝你们携手到老，一生相爱。

3.
因为是你，苦一点也没关系

原作者 /Kelly 韵宁 Love

改编 / 白米饭

“我不热，你吹吧。”我把电风扇转向他。

“怎么不热，你满脸是汗，我这么胖，出点汗刚好减肥。”正蹲在地上做饭的他，汗已经浸湿了衣服，却还是执意把电风扇转过来给我。

今年夏天，当很多人都在调侃“我这条命是空调给的”的时候，我和他住的是合租房里的单间，没有空调，每天下班回去室内的温度能达到40摄氏度以上，又闷又热。旁边其他租户都纷纷装了空调，只有我们依然在坚持着。

我笑着调侃说：“宝宝，你看看他们，真是一点毅力都没有，这点热就坚持不了了。”

他蹲在地上做饭：“就是啊，天将降大任于斯人也，必先苦其心志啊！”

我们都笑了，过了一会儿，他又一脸愧疚地对我说：“让宝宝受委屈了。”

“说什么呢，我愿意！就算你赶我我也不走。”

我想，爱一个人，就是我懂他的不容易。他心疼我跟着他受苦，我也心疼他为了我们的未来而努力的辛苦。

我和他刚毕业一年，在一起三年半，计划五年后可以拥有自己的房子，然后结婚生小孩。

我不知道这中间会有怎样我预想不到的艰难，可是我知道，爱很简单，那就是同甘共苦，不离不弃。

前段时间一起合租的一对夫妇搬走，把用不着的家具送给了我们，因为他对别人好，那对夫妇不送别人，单拉着他，要送给他。临走前偷偷跟我说，“你男朋友啊，真是个好男人，小姑娘好好珍惜哟。”

老实说，我很震惊，我们听过最多的，是叫男孩子去珍惜女孩，却很少有人会跟女孩子说应该珍惜那个爱她的男孩。我想，能让别人叫我好好珍惜他的人应该差不到哪里吧。

他人缘很好，别人总喜欢买点零食的时候分给他一些，他从来不吃，乐乐呵呵地带回家给我。

有时候一罐咖啡，有时候一块巧克力，有时候一盒牛奶，有时候一个梨。

不是什么太大的礼物或惊喜，却总是能够让我心里觉得暖暖的，因为那是他专门省下来留给我的。

一个男人也许没有腰缠万贯，也许没有房子车子，也许没有钻戒玫瑰，拥有的不多，但他有的却心甘情愿都给你，这份情意比任何物质都要来得珍贵吧。

他无法给你全世界，但他的世界全都给你，得此一人心，便已是最幸运的事。

他是个很细心的柔汉子，我是个很爷们的糙妹子。我想我再也找不到如此包容我的男生了。

有一天我们在看电视的时候我说想吃瓜子，他说了一句“等着”就出了门，不一会儿他推开门，手里拿着一包从楼下超市买来的瓜子，气喘吁吁地递给我说“亲爱的，喏，瓜子。”

“傻瓜，跑那么快干什么，你看你累成这样。”我的责怪里满含的是心疼。

“我怕你等得太久嘛。”

就在我默默地看着电视的时候，他居然亲手剥了1314颗瓜子给我！我当时就震惊了，这不是狗血偶像剧里的万年好男人才会做的事吗？！

这傻男人，我顿时心里一暖，一把扑到他怀里久久不愿放开。以前总吐槽剧里的玛丽苏剧情，却不知道如果是真心的，生活总比电视剧更加有爱。

有一次我和他躺在床上玩手机，我的脚就很自在地乱晃，突然就抽筋了。

我立马喊他：“快快快，我脚抽筋了，给我按摩一下。”

他“扑棱”一下坐起来，拿起我的左脚一顿揉一顿按。

他居然还给我按错脚了，真是笑死我了，“哈哈哈，错了错了，不是这只，是那只，哈哈哈！”

“啊？好吧…”他抬起另一只脚又是一顿揉一顿按。

不抽筋了之后，他闻了闻我的脚又闻了闻他的手，“咦，真臭，得去洗个手。”

刚说完这句话，他却顺手拿了一个苹果吧唧吧唧地吃起来了。

嘴上嫌弃我的他，身体却很诚实。所有人好像都在期待我会变得完美，他却好像格外欣赏我犯错犯傻的模样。我知道，那是他真的心疼我，表面嫌弃，心中却一直都是不离不弃。尽管生活过得比较艰难，但我却真的体会到了来自他满满的爱意。

我和他去逛街，那是一条很窄的小路，游玩的人又特别多，基本人挤着人，我们俩根本不能并排走，我只好走在前面，他拉着我的手走在后面。

正好经过一家店面正在装修，钻孔机正突突突地钻着，一阵风吹来，一片白色粉尘吹向我俩。

我本能地想伸手捂住自己的嘴巴，但是在我之前，他突然从后面伸手先我一步捂住了我的嘴巴。

他的本能居然是保护我！自己却屏住呼吸穿过粉尘。

当爱已经变成了一种本能，我还有什么理由要离开这个傻男人呢！我想我上辈子、上上辈子一定是积了很多的福分，今生才能遇到这么好的他。

有句话叫做“细节打败爱情”，其实同样也是“细节成就爱情”。因为人可以说谎，但细节不会。

我看到了他的努力，为了给我一个家，努力地积攒每一分钱。

所以我愿意跟他住合租房，愿意住没有空调的房子，愿意陪他吃苦，就算房子里唯一的家具只是一张床，做饭的工具只有电磁炉，没有厨房只能蹲在地上做饭。我也相信他，相信自己的选择。

他规划的未来里有我，我规划的未来里也有他，就不再怕人生前路漫漫。

真正的爱，能同甘必定也能共苦，因为是你，苦一点也没关系。

Darry Ring 寄语

你是被爱情宠爱的女子，遇到了一个这么爱你的男人。每一份爱我们都该把它当做宝贝一样珍惜，因为世上没有哪个人生来就应该去爱你，只因为你是你，他就付出了全部。用钱买不到的是一份真心，只要一起努力，未来一定会越来越好，加油！

4.
我和你的撒哈拉故事

原作者 / 人间重晚晴 -

改编 / 咩咩

今生是我的初恋，今世是我的爱人！

每想你一次，天上飘落一粒沙，从此形成了撒哈拉！

在那个几乎所有人都卯着劲学习的高三，我遇见了我的初恋，我今生最重要的人。

在那之前，我也曾信誓旦旦地对自己说，高中坚决不谈恋爱。但是他的出现，轻而易举的把我的坚持打败了。他的诚恳，他的傻乎乎的劲儿，他的所有闪光点，都无一不牵动着我的心。

在那个诺基亚盛行的年代里，我们学生党基本都还是用着非智能手机。在高三学业那么紧张的晚上，他都会用手机登陆 QQ，看我在不在，在的话就陪我聊聊天，不在的话就给我留言。那个时候，他的教室在我们班楼下，每次吃过晚饭回教室的时候，总能看到他在他们班门外。那个时候我们见面还不说话，他会装作不经意的样子从我的身边走过，往我的衣服帽子里塞棒棒糖。

我们在一起之后，创造了许多甜蜜的回忆。

还记得被妈妈撞见了的那一次，她严令不准我们谈恋爱，把心思全部放在高考上。我哭了一整夜，眼睛都肿了。第二天上早自习时被他发现了。他倒是很乐观地安慰我，让我安心复习。现在想想，他当时一定顶住了很大的压力。

还记得我们准备高考的日子里，攒下了无数张他给我出的数学题，还有各种笔记。那个时候单纯的思念都被写在小纸条上，到现在装了满满两小盒。

还记得距离高考还有一个星期的时候，文科生留在老校区，理科生要去新校区，这样可以提前熟悉环境。我学文，他学理，他去新校区的那个下午，在教学楼一楼碰到我，那个时候我在跟老师说话，他远远地看着我，我读他的口型，他说：“我走了。”

还记得我们整个高三都像打着鸡血一样拼命学习，只为了考上那所梦寐以求的大学。后来，我们俩都发挥得不错，如愿以偿进入了同一所大学。

还记得他最爱吃巧克力，也把我变成了爱吃巧克力的人。

还记得我把西瓜去了籽儿，切成小块放在冰箱里，第二天早上装在杯子里给他吃。

还记得他去青岛的时候给我带回来的明信片和贝壳手镯。

还记得冬天的时候，我的手总是冰冰的，他就嘱咐我多喝水，手放在口袋里。

还记得他特别喜欢车，带我认识了好多车的标志。

还记得他跑步的时候总是踮着脚，让我笑了好多次。

还记得我第一次把手放进他口袋的时候，两个人都没有说话，就静静地走着。

还记得 2013 年到 2014 年跨年的那个晚上，我们出去散步，这样我们就从 13 走到 14。

还记得他老是说我骑车子的时候不老实，太不安全，其实我觉得我车技挺好的。

还记得他在我面前那样的微笑是最真实的。

还记得我买了两个小哨子，系在手腕上，我说带哨子比较符合咱俩的逗比性格。

还记得他酒量其实不好，喝多了会吐，会特别难受，却常常为我挡酒。

还记得他锁教室门之前会很好玩地摸一下衣服口袋，看看有没有忘记什么东西。

还记得他很自豪地给我看他的化学笔记，说老师表扬他的笔记是全班写得最好的。

还记得在那个智能手机在学生中还不是很普遍的时候，我们拿着手里的非智能手机聊天聊得很满足。

还记得他说五月天的歌能让人站起来，那首他唱给我的《如烟》是最好听的版本。

我还记得好多好多，这些都是他给我最好的回忆。

我们的故事，就这样被时间深深印刻在青春里，很感谢，他来到我的世界。最近一直在读三毛，因为在撒哈拉的日子，是三毛和荷西最恩爱的时候，所以就把这段属于我们的故事叫作：我和你的撒哈拉故事。

故事远远没有结束，也没有结局，因为生活还在继续。

一辈子那么长，奔波了一生，却也只够爱一个人。

我还记得一样，这辈子永生不忘，那句德语：Ich liebe dich。

我爱你。

Darry Ring

寄语

在懵懂的年纪遇到对的人，一起感知世间的美好，一起追逐梦想，在爱的旅途上从不孤单，这真是一件幸运的事呀！当某天回首往事的时候，也许会情不自禁地说一句：爱你，是我做过最正确的事。

5.
爱情之所以为爱情

改编 /Candy

点点滴滴，原来你都记在心里

在他眼中，我就是一个头顶着“十万个为什么”、特别好问的小朋友。

好多他看来很无聊的问题，却是我在意的点点滴滴。

我会问：“记不记得我们上次为什么吵架呀？我们今天在一起多少天啦？”

作为一个在感情中需要安全感的女生，每次他答不上来我就会不高兴，觉得他都不把我们的事放心上，整天心里就只有他的电动和朋友。

直到某天他突然问我：“还记得我们第一次约会的时候我穿什么衣服吗？”

“第一次约会？那都是三年前的事了我哪里还记得。”我忍不住翻白眼。

但好强的我不肯服输，反问他：“那你记得我穿什么吗？”

没想到他却把细节都讲得清清楚楚：“那天天气特别好，你穿了一件白色的长颈鹿 T 恤，还戴了假刘海。我们坐 323 路公交车到了常宁宫，又从常宁宫坐到了小寨，在车上你给你妈妈打电话，声音特别温柔，不像平时说话的样子。回来我就觉得你又机智又可爱，然后就好喜欢你。”

听他讲完，我突然红了脸。原来我们一直都记得，自己认为重要的那些事情。

最美好的安全感莫过于此，我不需要占据你人生中的每一个情节，那些点点滴滴不一定都是关于我，但我确信，在你的记忆碎片里，肯定有我的一个位置。

甜甜蜜蜜，爱情就是相互惦记

记得某个冬天，因为工作加班到很晚，又被上司批评，心情郁闷到极点，天都黑了还没吃饭，心情特别烦躁。所以当我收到他的短信，问我几时下班，也不像往常一样，和他分享今天过得怎样怎样，只匆匆回复了一句在忙，就埋头继续苦干。

等到加完班，才发现偌大的办公室只剩下自己一个人，时间已经凌晨2点，才突然意识到肚子饿，一看手机，也没收到他只言片语的关心，心情又委屈又伤心又生气。小样儿，看我以后怎么收拾你，在我人生这么落魄的时刻居然给我玩失踪，连一句安慰的话都没有。

顶着憔悴疲倦的妆容，一肚子郁闷地走出公司楼下，突然看到一个熟悉的身影站在自己面前。一个平时整天爱窝在房间打电动，叫都叫不动的懒惰鬼，就这样笑笑地看着我，眼神里满满的关怀和担心。

他被我盯得有点不好意思，傻傻笑起来，把手里不知拎了多久的东西递给我，故作轻松和不在乎地说："喏，我就知道你一忙又不吃饭，所以就给你打包了点吃的。"

就在那一刻，我突然觉得特别踏实。我不知道这个傻瓜傻傻地在冬夜里等了我多久，不知道他忍住多少次想联系我的冲动怕打扰我。我只知道，我以后的人生，他再也不准缺席。

我冲过去抱了他足足3分钟，这期间我一句话都没说，就听他足足说了3分钟的话。

他说得太多我忘了，但我记得一句：“你这样抱着我，我感觉像自己的女儿受了委屈，而我又帮不了她，我很难过。”

我心里默默在吐槽，笨蛋，我才不要当你女儿。

他让我懂得，好的爱情从来不是口头上说了什么山盟海誓，而是一种下意识地惦记，看到好吃的东西想带你去吃，看到好看的风景想带你去看，看到你受委屈忍不住想保护你。希望你好，怕你吃不饱睡不着。像小朋友一样，像父母一样，永远用真心去爱你。

DR Darry Ring
寄语

愿我们都拥有这样一份感情，不因时间而搁浅，却因时间而倍加珍惜。愿有一个人的出现，可以使你的每一天都是情人节。

6.
爱，是为你收起棱角

原作者 / 铭妤夏

改编 /Candy

抓住一个男人的心，要先抓住他的胃。

这句话已经被传诵得滚瓜烂熟，爱做饭的妈妈也曾这样教导过我。

但是我一直认为，那是家庭主妇才会做的事，我可是有着远大理想的女生，在工作上成为一个女强人一直是我的梦想。

“可是，如果家里连个做饭的都没有，那还是家吗？”

“那你呢，为什么你就不能做饭？”

“我要挣钱养家呀，回到家里哪里还有精力做饭？”

我们都想要一个家，但是我们的心却都放在了工作上，当我们第无数次为这个问题起了争执时，我开始怀疑，或许，找到一个愿意为你做饭的人，才是最爱你的那一个。

我们就是两条相交线，相遇，然后将对方推得越来越远，距离也越来越远。这个想法一直萦绕在我心里。但是这么多年的感情，怎么能说放就放？深爱着彼此的我们，为何不能够为了对方收起自己的任性和霸道，为对方妥协一次？

或许是现实将我们逼得锋芒毕露，即使面对最亲近的人，也无法收起自己锋利的棱角。直到有一天，现实将你击垮，泥潭之中你才知道，谁才是最珍惜你

的那个人。而我，在一场大病之后，看到一直陪在我身边的他，才明白，他就是最爱我的人。

经过一场手术之后的我，虚弱得需要人扶着才能走路。那个整天嚷嚷着要做女强人的我，也不敌病魔的折磨，屈服下来。

而他，特意为我请了假，在我从手术台上下来的那一刻，抱住我的，就是他。当我感受到了他身上的温度，冰冷的手术台才不再那么令人害怕。

在家休养的时间里，他虽事务缠身，还是尽力挤出三餐的时间来照看我。开始还是从外面买回来粥和一些小菜，两天之后我便和他吵着要吃披萨才能恢复能量，他皱了皱眉，不肯答应我的无理要求。

"可是我真的吃腻了……"我可怜巴巴地看着他，他的眼神中透着一点心疼，却还是拒绝了我。

“你身体还没恢复，不能吃那些啊，乖。”我失望地低下头，看着桌上的那一碗白粥，像一个被饿了很久的孩子。

“要不，我给你做个蛋炒饭吧。”他揉乱了我的头发，轻轻地说出这句话。

“什么？你要做饭？！”听到这句话的我惊呆了，做炒饭？听着厨房里传来锅碗叮当的声音，我才确认这是真的。这时的我，感受到了前所未有的幸福，那个从不肯进厨房的他，竟然还会做蛋炒饭。

半个小时过去了，当他小心翼翼地端上自制的蛋炒饭时，在我面前像个小媳妇一样，害羞地说：“这是我第一次做饭，嫌难吃的话，你就喝白粥吧。”

我看着笨手笨脚，弄得满头大汗的他，忍不住笑出了声。面前的蛋炒饭金灿灿的，看起来还不错。我一边吃一边说：“好吃好吃，比我妈做的还好吃。”

他的脸上也绽放出了笑容，又得意又幸福地笑着。

那一份他亲手为我做的蛋炒饭，味道刚刚好。让我有一种比天下所有蛋炒饭都好吃的错觉。

从那以后，我也不再吵着吃披萨了，足足吃了一星期的蛋炒饭才罢休。

“你不是永远都不做饭吗？怎么食言啦？”我调侃着他。

“怎么，不想吃啦，不吃你就喝白粥去。”他一副不做了的架势，我连连道歉，求着他做饭。

在家休养的这段时间里，他每天下班后就为我做一顿饭，每吃完一顿我就恢复一点点精力。我渐渐地明白，女人这辈子的成功并不只是靠事业来定义，若能够遇到真心对你的男人，一起努力经营一个和谐的家庭，更是一种难得的成功。

虽然现在的我仍旧不会做饭，做出来的菜也不好吃。但他都会默默地吃完，从不说什么。有时也会接过我手中的活儿，让我切好菜，他来炒。

我问他：“我去学做菜吧？”

他笑笑：“有时间的话，我和你一起。”

从最初的各不让步，到今天我们享受在厨房里一起做菜的时光，是爱，让我们收起了自己的棱角，只为了更好地去拥抱彼此。

一个家，如果没人做菜，那不算家。只有厨房里传来做菜的香味，餐桌上摆着热气腾腾的菜，看着对面的他吃得津津有味，由这些时光组合而成的，才是家。

DR Darry Ring 寄语

爱，是与对方用心做出来的每一顿饭，用心品尝的每一餐。因为爱，我们为了对方变成更好的人，也愿意为了对方，去做一些本来不曾尝试的事。

7.
感谢时光，让我遇见你

原作者 / 懒萌宝多做怪 -ErFAn

改编 /Candy

和一个人在一起，如果他给你的能量是让你每天都能高兴地起床，每夜都能安心地入睡，做每一件事都充满了动力，对未来满怀期待，那你就没有爱错人。最合适的感情，是彼此陪伴，成为对方的阳光。

而你，就是这样一个人。感谢时光，将你带到我的面前。

我能想到最幸福的事，就是和你一起慢慢变老

现在的我最幸福的事就是，回到那个小小的家，和你窝在一起。

我会在百宝箱里塞满零食，也会把水果洗干净放在客厅。

电脑给你玩 dota，ipad 给我看喜剧。

而你最常做的恶作剧就是，趁我不注意猛地吻我一下。

深夜，就与你躺在床上，看看娱乐节目，刷刷朋友圈。你捋一捋我的头发，我摸一摸你的肚子，嘴上聊着遇到的人和事。和你在一起，不用刻意找话题，说话也不用小心翼翼，而是很舒服地想说什么就说什么，天马行空的话题你都能够很自然地接下去。

这些小事，天天在温馨的小家上演着，我也不觉得腻。或许幸福，就是和

爱的人过重复的日子。平平淡淡的日子一直持续下去，就是我们的幸福时光。

我能想到最安心的事，就是被你紧紧搂在怀里

一到冬天我就不爱穿秋裤，把自己包得像个粽子一样，实在是太没形象了。

看到路上的美女都穿着裙子丝袜，我也跃跃欲试，人家可以做到，我也可以吧。

有次出门逛街，我逮住了这个机会，穿上去年买的还没穿过的裙子。

当我在镜子前沾沾自喜时，却被你劈头盖脸地骂了一顿：“大冬天的穿什么裙子啊，你不知道外面有多冷吗！”

我一脸委屈，看了看窗外，是多么阳光明媚的一天，便冲你撒娇：“你看

外面阳光那么好，花草都被晒得暖洋洋的。你就让我美一回吧？”

最后，你还是拗不过我的爱美之心，一脸不情愿地带着我出门逛街去了。

刚出门时，虽有点凉飕飕的，但是我坚强地忍住了，自己选的路，冻着也要走完！

结果晚上回家就傻眼了。这大风呜呜地刮着沙子，劈头盖脸迎面而来，冻得我双腿直抖。

你无奈地看了我一眼，什么也没说，就把你的大羽绒服脱了下来，套在我身上，把大帽子往我脑袋上一扣，我嘀咕着看不见，你就紧紧搂着我，说：“保持这个姿势不要抬头，跟着我走就行了。”

那一刻有说不上来的安心。被你搂在怀里的我，再也不怕外面呼啸着的寒风，也没有了看不见路的慌张。而是将自己全部交付给你，无比安心。这条路上有了你，连寒冬都变得温暖起来。

我们就这样一路拥在一起，走得很慢很慢，一点点地挪回了家。

从此以后，那条裙子在衣柜里落了尘，我也不再逞强，每次出门都乖乖地穿上秋裤。

我能想到最珍贵的事，就是与你成为了亲人

对很多人来说，人生中最幸福最浪漫的时刻是婚礼进行时。

于我而言，却是求婚的那一刻。

那天，毫无防备地推开家门，满地的玫瑰花瓣和蜡烛让我傻了眼，愣愣地站着，连门都忘了关。

你缓缓地走到我面前，单膝跪下，双眼充满深情地对我说：“嫁给我。”

那时的我还是被吓傻了，完全没有缓过神。你的眼神开始变得迟疑，语气有点紧张：“你……不愿意吗？”

终于，我的大脑反应过来了——你在求婚呢！天知道我后来是怎么笑得合不拢嘴：“愿意愿意愿意！”

你长长地舒了一口气。

我将自己的小手伸到你的面前，你便将那一生仅有一枚的 DR 钻戒，套进了我左手的无名指。

那一刻，我对着你傻笑，你也看着我傻笑，与你从爱人变成了亲人，是一件具有里程碑意义的大事。

七夕的时候，遇上两周年纪念日。你给了我人生中最棒的情书——结婚证书。我可以名正言顺地叫你老公了，以后我爸妈你爸妈都是咱爸妈了。同时，我们也多了份责任，是对方的爱人，也是亲人。

许多人以为，两个人熟悉得像亲人就没有爱情了。其实爱到平淡，才是一生的开始。浓烈的爱往往是流动的，爱你也会爱别人。所以重要的不是爱上你那一刻，而是爱你一辈子。找个人恋爱很容易，难的是一辈子。爱你爱到变成了亲人，才是我心目中永恒的爱。

感谢时光，将你送到我的身边，让你爱我，让你属于我，让你对我好。

感谢老天让我们的爱情经历了漫长的四季，在温情的小日子里渐渐涅磐成诗。

DR Darry Ring 寄语

爱到成为亲人，才是永恒。真羡慕这种变成了亲人还无比甜蜜的爱情！希望你们能够一辈子相爱下去——来自 DR 族的祝福。

8.
陪伴是最长情的告白

改编 /Candy

“无论天涯海角，陪伴才是最长情的告白。”这句话，一直都是我们坚定不移的爱情信念。而这么多年来，她也一直在践行着我们的诺言，无论发生什么事情，她都始终陪在我的身边。

相识的那一年，我们还是高中生。那时的我，内向，沉默寡言，害怕和陌生人相处。也许是因为我的心里始终有阴影吧，11 岁那年父母关系不和，妈妈一气之下离家出走，从此再也没有回来过。她的不辞而别，让我觉得即使是最亲密的人，也有可能随时会离开你。从此，我变得有些消极，不想也不愿再去结交新的朋友，每天只沉浸在书海里，满脑子都是公式和英语单词。

她和我是完全不一样的性格，开朗大方，和周围人打成一片，在班里就是一个小太阳。我有时候会忍不住看着她和周围人说笑，被她的笑容所吸引。她笑起来会露出两颗小虎牙，而且嘴角边还有个小小的梨涡，非常可爱。但我从来没有想过我们两个人会走到一起。直到那一节体育课。

那节体育课，我和她被随机分配到一个小组打羽毛球。她跳起来接球的时候，一头长发跟着跳动，初夏的阳光在她的发丝上跳跃闪烁。那一刻，我的视线再也没办法移开，甚至可以感受到自己的心跳声。

从此，我经常找她打羽毛球，抓住一切可以靠近她的机会。我也不明白是怎么回事，只是心里有个声音一直在说，我想待在她的身边。跟她在一起时，我

就像回到了 11 岁以前的时光，纯粹、简单而且快乐。连最好的朋友都说，和她在一起的我变得和平常很不一样，整个人都带着幸福的光。

后来，我们越走越近，到大学终于走到了一起。她知道我的心事，所以从我们在一起的第一天，她就告诉我，她会一直陪伴在我身边。平时的她大大咧咧，可是只要是我的事，她都非常上心。

我的胃不好，她听说汤能养胃，在家里从没下过厨的她买了一本煲汤食谱在宿舍“捣鼓”，每天装在保温杯里带给我，督促我喝下去。我常因家里的一些问题难以入眠，因为父亲脾气不太好，我也没什么安全感，两个人很容易发生争执。这时她总是耐心地劝我：“气在你身，疼在我心，面对你的家庭我不多说，但你是我的，你不能这么损坏我的财产。”

面对着这样的她，我再也生不起气来。我开始尝试着耐心地去解决问题，不再轻易发脾气，和父亲的关系也缓和了许多。现在每当我不听父亲的话，父亲总是会给她打电话，让她评评理，真让我哭笑不得。每每这时，她总能找到一个中和的方法，既让父亲满意，又不让我难堪。

她说，只要是我的家人，她都会好好照顾，包括我的母亲。

母亲一直是我心里的一个结，一方面，我埋怨她当年就这样抛下我，另一方面，我又非常渴望能够再见到她，我想再吃一次她做的菜，听到她叫我的名字。可是，如果母亲真的回来了，我该如何面对她？

她看出了我的心思，告诉我："你的母亲以后我来养，我想要对我的婆婆好"。

她的话让我惭愧又感动，因为她，我体会到了如家人般的温暖，懂得了家庭的重要性，以及作为一个儿子应该做的事。也是因为有了她，我想好好去经营我们自己的家，有她的地方就是我的家。

遇上这样一个孝顺又开朗的女孩，不得不说是我生命中的福音。无论怎么样，我都认定她是我这辈子最重要的人。对于爱情的领悟，我想，只有 DR 钻戒能够诠释。大学毕业，我决定买一枚 DR 钻戒，让它见证我们这么多年互相陪伴的爱。我也想告诉她，我会一直陪在她身边，和她一起慢慢变老。

DR Darry Ring 寄语

因为一个人，让你认识到家应有的模样。也正是她，才让你想要组成一个有她的新家庭。择一人终老，感谢对戴瑞的支持。希望你们一直幸福到白头。

9.
爱我？那就一直跟着我走吧！

改编 /Candy

他从小就是一个不起眼的小男孩。

小时候会有一个大哥哥带着我们到处玩，在我们的心目中，大哥哥就是领导，我们是跟在他身后的小屁孩。而他，属于小屁孩之一。

我从来没有想过有一天，这个从不被人注意过的，老是跟在我后面跑的小屁孩，会变成我喜欢的人。这对当时的我来说，简直难以置信。

如果我是静香，他就是那个呆头呆脑的，成绩也差到不行的大雄。

好吧，看到这个比喻他肯定要抓狂。不过就算没有哆啦 A 梦他还是赢得了我的芳心。

我们邻居间的感情很好，有什么好吃的都会给对方送一份。而我，就是那个负责派送的小女孩。

每次送到大哥哥家时，我都会很礼貌地敲三下门，在叔叔阿姨面前装得很乖巧的样子，满心欢喜地听他们夸赞我。

可是，送到他家时，因为知道他爸妈都会比较晚回家，我在门口都会直呼其大名。看着他缓缓地开门，房间里传来动画片的声音，喏，我把吃的往他面前一送，转身就走。这个玩游戏常被人抓住的小鬼，连拿东西的反应都比别人慢。

小学时的我们还经常在一起玩，那时候大哥哥已经上了初中，被爸妈管得很严格，就不常出现在我们的圈子里了。我经常在他家门口溜达，可惜，每次都从窗户缝里看到他在埋头苦写。

“真无趣。”我灰心丧气地走了。

“跟我一起玩呀。”他突然出现在面前把我吓了一跳。

于是，那天下午，我跟他一直都在看动画片，直到他爸妈回来。

上了初中后，我竟阴差阳错地跟他被分在了同一个班。从此，他就像个跟屁虫一样在我后面，每天跟我一起上学、吃饭、放学。或许是女生会比较早熟，他爸妈便放心地将他托付给我。

在我的带领下，他每次都会陪着我在外面闯荡。我说想去看看网吧长什么样，他就一脸正义地说，我也去，我要保护你。结果，我们在那里玩了两个小时的电脑，

还串通好跟爸妈说是放学晚了。或许是一起长大的缘故，他每次都能接住我无聊的笑话，在大家都懒得搭话的时候，只有他接梗。然后，我们都会向对方翘起大拇指。

初中的我，对大哥哥的迷恋还没消失。我初一，大哥哥初三。

有一天放学回家时，我看到他的自行车后座竟坐着一个长发飘飘的女生。坐在自行车上的她，在夕阳的笼罩下，那么好看。而我，明显还是一个小学生。虽然用心打扮，扎着两个马尾，可是不比人家披肩的长发飘逸啊！

我越想越生气，一路上骑得飞快，很快超过了大哥哥。

可是这时候，跟在我后面的他大呼我的名字："你等等我啊，骑那么快干嘛呀！"我还不忘喊了大哥哥一声，假装很有礼貌的样子。

一路上，我还是没忍住眼泪，转角进了离家不远的公园，想一个人安静地哭一会儿。

谁知道，他还是跟了上来。

一副什么都不懂的样子，就站在那里傻傻地看我哭，气得我推了他一把："看什么看啊，快点回家！"

"可是你爸妈会问我怎么还没回去的，怎么办？"

"你就说我被老师留堂了。"

"不行，我要跟你一起回去。我们一直都在一起，我也不会撒谎。"

我抬头看着他，在落日的余晖下，他好像长大了一些。

"别哭啦，我以后还会跟你一起玩的。"听到这句话我哭得更伤心了。

从那之后，我把心思完全放在学习上。我想让自己成为"别人家的小孩"，让大哥哥后悔。他呢，也一直跟在我的后头，陪我去图书馆，陪我借书还书，陪我在教室待到很晚。一点点地，我终于能够正视自己，大哥哥算什么，我爱的是我自己。

可是我却忘了，跟在我后面的，还有一个他。他也在努力地追随我的脚步。

上了高中后，我们不在同一个班了。

读大学的时候，我们也不同校。

可是一放假，他就往我们家里跑。他看起来也终于长大了，不再是那个小屁孩，而是有了自己的想法，我竟莫名地有一种欣慰之情。

有一年暑假，我们相约旅行，其他小伙伴临时有事纷纷放了我们鸽子。最后，就只剩下我和他走在陌生的街头。我是个路痴，导航也不靠谱，走错路的我就把气全撒在他身上："你怎么就这么笨呢！连路都不会找！都这么大了还跟在我后面走！"一顿大吼之后，他愣愣地看着我，就像小时候的眼神，什么也不懂。

"可是，我一直都跟在你的后面，从来没有走错过呀。所以我就百分百信任你。"

我突然回过神来，他说的是从小到大，我做什么他就学什么。就连上大学，他考不上我的学校，也找了另一所学校跟我一样读英语专业。

“就是因为一直跟着你，我才长不大吧。”看着他低下头，我突然觉得很心疼。

走近他，踮起脚尖摸了摸他的头。这个 1 米 8 的高个子，已经和以前不同了。我听我爸妈说过他在学校里取得的成绩，夸奖他已经是个能独当一面的小伙子了。

可是在我面前，他还是像个小孩子。

就是这样一个人，面对外界无论如何成熟稳重，但是在我面前说起一件事都会手舞足蹈，毫不吝啬地说出不曾对别人说起的话，那些不轻易展现出来的，其实都是他的软肋吧。可是他，却给我了最大的信任，他愿意，将全部都呈现在我面前，一直都依赖着我。

这么一个坦诚的家伙，就这样用孩子般的眼神赢得了我的芳心。从小一起长大的玩伴，我最清楚他的秉性，他也一样，将我的弱点全部看在眼里。

摸了摸他的头之后，他突然抱住我，这可是在大街上！我挣扎着要他放开。他却说：“以后的路你都要带着我一起走，你答应了我再放开。”

臭小子，竟然学会耍赖了。

“好好好。我继续带你走。”他终于放开手，对着我傻笑。

那一刻我觉得，我被套牢了。

DR Darry Ring 寄语

一个从小就在一起长大的小伙伴，互相陪伴。两小无猜的爱情最纯洁啦。看着这样一个故事，DR 族的我们也纷纷被感染了，想起小时候的玩伴，现在都散落在天涯了！所以呀，你们能够在一起，该是多么地幸运。

10.
爱情最美的样子

改编 /Candy

我的男朋友，就像是一部手机，是文字，也是一串电话号码

男友比我大四岁，所以我还在上大学时，他就已经开始工作了。

学校和社会差别很大，还好我们不会因此找不到话题聊。

我欣赏他的成熟，就像《你是我学生又怎样》里的男主角说的“所有的快乐我与你分享，所有的苦痛我比你先尝，所有这一切我都先经历过，我都会站在你前面帮你先做好。这有什么不好的呢？”

他体贴，细心，又很会照顾人。然而异地恋的我们，只能通过电话和网络联系，就像隔着玻璃，看得见，听得到，却摸不着。平时小情侣一起买菜、一起做饭、一起手牵手出门，一起到公园散步这些稀松平常的小事，对我们来说，却成为极大的奢侈。

异地恋最难的是坚持，随便一件小事都能让我想起他。虽然我总是嘻嘻哈哈没心没肺，但也很容易没有安全感。

走在路上看到十指紧扣的情侣、路过我们喜欢的咖啡店、走在车水马龙的街道……

我多希望这些时刻他都能陪在我身边。

但，终究只能是一个人想一个人。

如果太久没有见到他我就会抱怨：“你为什么不回来，为什么不在我身边？”

这时他都会说：“不哭，虽然我们不能见面，但我们每天都视频，还给你讲睡前小故事，多美好啊。现在不能见面是为了以后更好的生活，未来的几十年我们天天都会在一起的，陪伴是最长情的告白，我的心一直都会陪着你！”

话是这么说，有时候还是会觉得心酸。我的男朋友，就像是一部手机，是文字，也是一串电话号码。

陪伴是最长情的告白

2014 年 5 月 20 日，是个特别的日子。

一大清早就能看到满大街的玫瑰花。

明明知道他无法回来陪我，还是任性地跟他说："你今天回来吧，我俩一起去吃冒菜。我老早就看中了一家店，一直很想去。"

"过几天吧，过几天等我回去带你去吃，想吃啥都行。"

挂了电话后，眼泪还是止不住流下来了。

早就知道是这个答案，我还在期待什么呢。

下班了，却接到他的电话："下班了吧，我在你公司楼下，忙完就赶紧下来，带你去吃冒菜。"

我清楚地记得，当时的我激动得都要泪奔了。

吃饭的时候我故意问他："你不是说今天不回来，过几天才回吗？"

他一边往我碗里夹肉，一边捏捏我的脸说："赶紧吃吧笨蛋，今天什么日子，你那点小心思我还能不知道？我不回来你这小淘气又要闹人了。"

当时心里那个感动啊，眼泪吧嗒吧嗒往下掉。

男友比较内向，不怎么会表达，但总是默默制造小惊喜。

和他在一起，总能让我心安。并不是因为他做了什么惊天动地的大事，而是一些看起来微不足道的小事，他都放在心上，并一一帮我实现。好的爱情，不是他为你摘星择月，而是可以为你去坚守那些你喜欢的事物。就像《北京遇上西雅图》，文佳佳认定 Frank 是因为他每天愿意穿过三条街，为她买来最爱的豆浆油条。

只愿得一人心

现在的我也开始工作了，正努力地去向他靠近。

走他走过的路，听他喜欢的歌，尝试他做过的事情，想进一步去体会他当时的心情，离他更近。

其实，只要有他陪伴，就是最好的时光。真爱，就是给予彼此一生的笃定。我知道你在，你知道我永远不会变，这大抵就是爱情最美好的样子。

Darry Ring 寄语

爱情最美的样子，大抵就是不因年龄差距、不因异地的阻挠而放弃，只愿依旧默默守护你，用言语、用行动来向你证明“我爱你”。在未来的旅程，希望你们能一直相爱如初。

11.
因为有你，我不再害怕迷路

改编 /Candy

异地恋的我们，一个在天津工作，一个在西安上学，只有放假，我们才有机会能待在一起。

你总说我是个长不大的小孩，老担心我会丢。每次我去天津的时候，你有时连午饭都顾不上吃，也要坚持把我送到车站。其实我已经很熟悉，可你老觉得我很傻，分分钟都能被拐骗。这样的担忧，都源于我第一次去天津找你时发生的那件事。

记得第一次去找你的时候，是我第一次自己一个人坐火车。

当时学校校运会放假，我偷偷订了火车票，想给你一个惊喜。结果晚上打电话的时候，太兴奋了，还是一不小心就说漏了嘴：“你知道吗，你明天就可以见到我啦。”

你一下子就急了：“你什么意思？”语气之中没有我想象中的惊喜，却好像有点生气。

我很委屈：“你怎么这样，我放假了，想见你，所以就订了火车票。”

你赶紧解释：“我这不是着急嘛。你都没有出过远门、坐过火车，这么咋咋呼呼的像个小学生一样，我担心啊。”

我又乐了："你怎么比我爸还爱操心。放心吧，你就好好上班，等我去找你。"

一路上你都很啰嗦地发消息问我到哪里了，小心不要坐过站。有了你的提醒，我也顺利在天津站下了车。

因为加班，你要推迟半个小时才能来接我。手机信息中你让我乖乖在车站等，不要乱跑。

偏偏我按捺不住好奇心，就跑到车站休息室外溜达了一圈，吃吃小吃，完全忘记了手机里的你。

等我吃完了，一看被我丢在包包里的手机，才发现你打了十个电话，发了无数条信息，在车站都转了好几圈，还是找不到我在哪里。

我赶紧往回拨："喂，你在哪儿啊。我刚刚去……"

"你是傻吗？都叫你不要乱跑了，要是你丢了我怎么办？"不知道是不是我的错觉，电话那头的你，好像带有点哭腔。

我也有点红了眼眶："对不起啦。"

"站在原地，不要动，等我过去。"

匆匆赶来的你，训了我一顿后，就拿起我手上的行李，另一只手牵起我："走，吃饭去。吃完带你逛。"那一刻，我的手放在你的手心里，真的觉得好暖。当时我想，让这座城市再大一点吧，让你就这样牵着我，一直一直地走。

这件事的后遗症就是，你再也不肯让我单独行动了。寒假去你的城市实习，我们不在同一个区，你每次都会坐一个多小时的公交车来陪我吃晚饭，吃完再坐车回去。有时我怕你太累了，想到你上班的地方陪你吃饭，你都坚决拒绝，就因为怕我坐错站。如果我想买什么东西必须等着你来，因为你怕我跑丢。

你知道吗，每次你让我在原地等你的时候，我都觉得很安心。

即使不在你身边，你也会用你的方式给我安全感。

你每天都会主动给我打电话，从不间断。不管多忙多累，你都会听我唠唠叨叨一天的生活。

一两个小时过去了，你也不嫌烦。

你一直都在用行动证明你对我的好，你一直都在努力给我最好的生活，不让我受委屈。

等到有一天，我们能够在同一个城市生活，就能像你说的那样，天天待在一起，不用在两个城市间奔波。我知道，那样的一天会越来越近的。因为有你，一直在为我们的未来努力着。我不再对我们的未来感到迷茫，更不害怕我们会在某个地方迷路。

你曾经对我说过：“我有的，都给你；我没有的，努力给你！”我还在上学，但我也会和你一起努力，打败两个城市的距离。

DR Darry Ring 寄语

两个城市的相恋，比别人多了一份苦，也比别人多了一份甜。甜在你朝朝暮暮的思念里、你无微不至的关心里、你义无反顾的奔跑里。因为爱，所以我们做得到。

12.
悄悄爱着你

改编 /Candy

“考考你，我们在一起多久了？”和他打电话的时候，不知怎么的，就冒出了这一句。虽然说是不经意说出口的，但心里还是隐约有点小期待，又怕他答不上来。

“1886 天。”他得意地笑了，“没想到吧，我可是每天都悄悄记着的。”

是啊，我没有想到我们已经走了这么久。和他在一起的时候，我总觉得时间过得很快很快。我更没有想到，他一直悄悄记着。虽然我应该猜到，毕竟这么多年来他总是用这种“悄悄”的方式，给了我很多惊喜。影响最深的大概是两年前，我生日的那一次。

那时我们一个在北京，一个在广州。原本我的生日刚好都在假期的时候，前两年放假回家，他都会为我庆祝。但是那一年不知是什么原因，学期延长了，快到我生日的时候，我们还在复习周。

“哎，我们都好好复习，等考完回家再帮我庆祝生日也不迟啊。其实生日也不用看得那么重要啦，没什么的。”在电话里我这样劝他，因为担心他要来找我。每年一到我生日，他都很上心。我也明白他的心意，但是不想他因为这个影响到考试，毕竟他是打算保研的，成绩对他来说很重要。

“好吧，那我先把礼物寄给你。”他答应了我，感觉还有点不太乐意。说实话，虽然我自己并没有很看重生日，甚至和他在一起之前，我都没有认真过过生日，

但是，有一个人这么把它放在心上，还是会觉得很开心。

生日很快就到了。那天中午，我正在图书馆复习，突然收到一个短信："你好，你的快递到了，请尽快到一饭门口拿，过时不候。"我猜是他说的寄给我的生日礼物，还挺准时的，我想着，就赶紧过去拿。

那天挺冷的，走到饭堂门口时，我看到有个围着围巾的人，遮了大半个脸，看起来跟他很像，我还以为是错觉。没想到，我渐渐走近的时候，他一把扯下围巾，冲我得意地笑起来，露出小虎牙。

"你怎么来了？我不是在做梦吧。"我完全不敢相信。

"想来就来了呗，你没在做梦。哎，不用这么感动吧。"他拍了拍我的头，看到我眼泪快掉下来了，他有点手足无措。

"不是叫你不要来了吗？你期末考怎么办？你这样我看着都累。"

“好啦，别担心，我们复习周有七天，而且我都把课本带过来了，昨晚跟早上都在车上看呢。”

他赶紧安慰我，“我一点都不累，还可以陪你去图书馆复习呢，真的。”

那个生日，我们真的是在图书馆度过的。到现在我还能想起，他坐在窗边认真看书的样子，整个人都微微地发着光。

他还“背着我”做了很多很多。比如，我的每一把伞都是他买给我的，只要我一告诉他说丢伞了，第二天就一定会收到快递。他说，遮风挡雨的事他都想要为我做好；生理期痛得躺床上，他悄悄托我的同班同学买红糖给我。暑假一定要带我去医院看病，他排着队挂妇科，每天 6 点蹑手蹑脚起床泡药，6 点半开大火熬，7 点调小火，动作很轻很轻；最近我又发现他在悄悄做什么计划了，从 7 月份开始，他频繁地兼职说要存钱，后来发现他的微博关注了 DR 钻戒，而且只关注了 DR 钻戒。

他不知道，他悄悄为我做的很多事情，其实我都知道。

我都知道，所以想起他的时候，走在路上都会突然傻笑起来。以前总说“爱我勿太深，爱我要长久”，但自从有了他，我盼长久，也盼深刻。

情不知所起，想起他时，总觉得要说的有太多，又不知从何说起。未来的日子，就让 DR 钻戒负责见证吧，我们则负责一往情深。

Darry Ring 寄语

你们就负责相爱，其他的，交给 DR 钻戒和一生的时光来证明吧！

13.
爱很简单

改编 /Mango

爱你，很简单，就是想珍惜你，让你成为我永远的枕边人。

异地恋的我们，因为工作忙碌，更多的是在微信上聊天。那时的我，工作刚刚起步，常常觉得压力很大，而你又不在我身边。我很委屈，当我心情不好，需要一个拥抱，需要有人帮我擦眼泪的时候，你却在另一座城市工作，只能隔着一个手机听我诉说。

但是，你一直努力地让我感受到你对我的爱。聊天记录里，有“等我回来”，那是每一周的休息时间，你专门开两小时的车回来陪我时说的；有“我在想你，你在干吗呢”，那是你想让在异地的我安心而时不时发过来的问候；有“每个人的习惯和体质是不一样的好吧，网上就说喝水喝水，感冒喝水，胃痛喝水，‘姨妈’来了还喝水，我家宝宝又不是泡面，喝那么多水，撑死了。”那是你在我不舒服的时候努力逗我开心的话语。

现在重新翻看，发现简简单单的聊天内容都是我们爱的记录。你不在身边的日子，一边看着我们的对话一边偷偷地笑，也许这些在旁人看来不过是情侣之间的日常，但是对我来说，它们无比珍贵。我也知道，如果有一天，我真的需要你的话，你绝对会毫不犹豫第一时间赶回我身边。

还记得那一次我骨折了吗？你平常总说我是个马大哈，跟我一起逛街时老是紧紧牵着我，提醒我好好看路。我不以为然，结果，那天你刚回去上班，我就

在家里被地毯绊倒了。

看着摔得肿大的脚踝，我不知所措，第一反应就是打电话给你。当时你还在车上，听到消息马上掉头赶回来。

在医院里，你拿着我的诊断结果，打电话跟公司请了假。我怕耽误你工作，你却有点生气了：“耽误什么工作，工作有你重要吗？工作大不了重新找，你可是只有一个。”

那一刻，我终于明白了我在你心目中的位置。接下来的一个星期，是我们相恋以来相处时间最长的星期，也是我觉得最幸福的一段时间。

为了不让我一直闷在家里，你主动肩负起背我下楼的重任，带我出去兜风。你之前打篮球腰受过伤，我有点担心，你却一直安慰我，“没事，你这么轻，背着你就跟背棉花一样，一点都不吃力。”

直到有天晚上，我听见了“啊”的一声，虽然你极力压低，但我还是听见了。

我很愧疚：“对不起，老公，我不下楼出去溜达了，害你腰疼，睡不着觉。”

你却轻描淡写：“没关系啦，就当减肥了。没事，快接着睡老婆，我一会儿就好了，不用担心。”

你知道吗，那一晚，我一直睡不着。不仅因为担心你，更因为我终于明白了，你就是那个最爱我的人。我相信当爱融到骨子里时，好多行为与语言都是潜移默化形成的。就像我们睡觉前十指相扣，早上醒来依旧是十指相扣。

这就是我想要的：手牵手，一起走。我希望，你永远都是陪着我的枕边人。

关于我们之间的聊天记录，我也会一直珍藏。每天看着它们，都会让我想起你的笑容，你的言语。我们的爱情，没有那么多风风雨雨，跌宕起伏，有的只是这些琐碎平淡的温暖。但我想，这就是我理想中爱的模样。

DR Darry Ring 寄语

情侣间甜蜜的聊天记录，是最为日常，最让人珍惜的片刻。有些话，虽然很简单，但就是会一直都记在心里。因为，每一句话都是爱人说出来的，是专属于两个人的、爱的语言。

14.
相识十年，幸而有你

原作者 / 钟琪 1266

改编 /Candy

还没和你一起白头偕老，还没和你走过这世间沧桑，还没与你住在同一屋檐下，认识十年的我们，怎舍得让对方走出自己的世界？从一个过道的距离到目前直线距离 754km，我们的距离拉远了，可是我们的频率仍与对方同步。

认识你是在初一的时候，因为一个外号与你有了接触，那也许是祸，也是我的福。

初一刚开学，老师要我们作自我介绍。我上台之后，便说出了伴随自己三年、亲近的朋友都会叫的昵称。结果，班里的人却哄堂大笑，包括坐在第一排的你，你是第一个噗嗤一声笑出来的人，于是我狠狠地瞪了你一眼。

也许是被我的眼神吓到，你收住了嘴角，我黑着脸走下了讲台。

也许只是当个笑话，大家其实并没有恶意，渐渐地，我和班里的同学熟悉打闹，唯有你，就算你叫我名字，我也不理睬。

后来的我们阴差阳错地被分在了距离一个过道的座位，你试图和我说话，我也冷冰冰地回答。周围的人都不知道为什么我对你那么仇视，毕竟曾经嘲笑我外号的人，并非只有你一个，可是你却偏偏成了替罪羔羊，替班里同学顶了这个锅。

或许是我对你冷冰冰的态度引起了你的兴趣？初中两年过去，我与你说话

点A∈平面BCD，E，F，G、H分别
是AB、BC、CD、AD上的两点，
若EH交FG于P求证P定在BD上
A
P
E
D
G
B
F
C

的次数屈指可数。但你却对我表白了。

上了初三之后，每天我都会很早去教室，那时班里的人寥寥无几。我看到桌子上放着一封信，不长不短，你在信里写着喜欢我。我虽有些讶异，却假装淡定地把信放起来，开始背书。

并不打算给你任何回应，因为我不喜欢你。

后来，上了高中，我们分道扬镳，我以为你的喜欢会就此终结，我们成为对方生命中的过客。

谁知，有天下课的时候，以前的初中同学捎了一封信给我，信里面你说初中毕业后的那个暑假你几乎天天在我家附近的路口等我，包括，你还喜欢着我。可是我还是不喜欢你，便将信退了回去。那时候并不知道，这样对你的伤害有多大。

直到不久之后我看到这样一段话：每一个在你的生命里出现的人，都有原因，喜欢你的人给了你温暖和勇气，你喜欢的人让你学会了爱和自持。你不喜欢的人教会你宽容与尊重，不喜欢你的人让你自省与成长，没有人是无缘无故出现在你的生命里的，每一个人的出现都有原因，都值得感激。

我重新写了一封信给你，向你道歉，喜欢一个人并没有错，一直将你当作替罪羊是我的不对。没想到第二天就收到了回信，信中你说自己并没有怪我，只是很懊恼一直没有用适当的方式拉近我们的距离。是你，教会了我宽容与尊重。你却说，我成为了你继续努力下去的动力。

后来我们开始写信。在高三这个关口，我们就靠着书信，向对方诉说心事。虽然现实生活中我并没有用具体方式向你表达我的情感，但是我的心事，都写在了每一封信里。为你写过的信都成了时光一点一滴的标记，那里面藏着我偷偷关注你的目光，那个阳光的，勇敢的，青春的少年，成了我说不出口的秘密。

你曾表白过多次，我仍一次都没有回应你。那时候在我心里，没有什么比高考更重要，这或许是我太过自私，但是我在乎你的一言一行，我在意你的一举一动，远远比你想象到的多。

一直到高考成绩出来的那一天，面对着并不理想的成绩，我心灰意冷了一天。你却在那天晚上和我说：“我喜欢你，不仅仅是那个比我优秀，成绩一直比我好的你，而是那个在坚强的表面下，仍会默默心碎的你；是那个虽然一直控制着自己的脾气害怕别人伤心，但在内心明明暴躁到不行的你；是那个明明喜欢我，却硬是撑着不肯回应我的你。你在我心里，既发着光，也有着很多执拗的缺点，但是这都不影响我喜欢你。”

“你凭什么说我喜欢你？！”我擦干泪水，看着电脑里跳出来的这一段话，既有暖心又有被说中心事的窘迫。

“凭你给我写的每一封信，你写的每一句话都出卖了你。”

看着这一句话，我认输了。没错，我喜欢你。可是在高考面前，我无法拿自己的前途去赌与你的未来，命运一个翻手的动作就会让我的生活天翻地覆。我不敢去赌。

“现在的我们，什么都不怕了。你快答应和我在一起。”看着你这霸道的语气，我却想不出任何反驳的话。

现在的我们，在相隔754km的两所大学。每次分别我都在车站哭得稀里哗啦，我早已不是当初那个克制着自己情感的人，只要在你面前，一切情绪都展露无遗。

你让我明白，曾经的同学多已成为人生的过客，只有你一直留在我的生命里。在孱弱的青春时代，你用纯真的心一直守护着我，带我走出了孤独的困境。

曾经书写过的一封封信，都像每一盏灯点亮我们之间的爱情。你的每一个字感受到我的真心，我用每一句话表达自己的在乎。相识十年，幸而有你。

DR Darry Ring 寄语

在最美的年华里，他没有放弃，她没有错过。遇见彼此，懂得彼此，守护彼此，就是时间留下的最美的礼物。

15.
神说，要有光。然后你就出现了

原作者 /crystal-0302

改编 / 八十

那个时候，朋友变节，人生路转折，我精神高度敏感，随便一件小事都可以瞬间崩溃，哭得稀里哗啦。

在最不想要谈恋爱，却也是最脆弱需要别人陪的时候，你毫无预料地就出现在我的生命里。

这让我时常都觉得，你一定是上帝派来拯救我的天使。

清晰地记得第一次遇见你的画面。

那时应朋友的约定，我们一群人来到 KTV 的大包房。我小心翼翼地推开门进来坐下，坐在你旁边。

本来想礼貌地寒暄两句，谁知道居然跟你一聊就聊了两个小时。

那时候，彼此大概都忘记了时间的流逝，也忘记了这是在 KTV 房。我们两个人谁也没有点歌，也没有唱歌，只觉得有聊不完的话题。最后还惊喜地发现，原来我们居然还是同年同月同日出生的……顿时我的心底莫名地多了许多的好感，内心暗喜：这就是所谓的缘分吗？

可我也清晰地记得，那天走出 KTV，坐在回家的出租车上，天生有点悲观的我，默默嘲笑着自己：我也许这辈子都不会再和这伙人见面了，也许不再和你

有任何交集的可能，那么，心里还期待什么呢？

可是，你却努力地一点点地感染着我，把我从那个消极的世界里拉了出来。

我们开始在 QQ 上不间断地聊天，一天没有说话我就会开始焦虑，一收到你的消息就会不经意地露出笑容。

慢慢地，有了你每天傍晚变着花样拎着各种东西站在我公司的外面，有了你每天早上站在我上班的站牌……

有了每场电影都是和你看的，有了每次逛街都有你的陪伴，有了每次下馆子都有你在桌子的另一边，有了见每位朋友同事都介绍你认识……

然后就有了我们的昵称，有了每周一封的你给我的情书，有了几乎每条微博的相互 @，有了若干个第一次，有了不计其数的默契同步……

我们不放过任何秀恩爱的方式，只想宣告全世界我们是属于彼此的。

同样的衣服、同样的手机、黑白的 touch、各种情侣款的装饰壳，还有我们自己做的天下独一无二的戒指，我们有了共同的爱好，共同的习惯，共同的生活。

你有了我，我有了你。

我们在一起安静地看电影，依偎着散步，热闹地聊天……

似乎在一起的日子，都有一种暖暖的味道。

有时候，你看着我傻乐也会跟着开怀大笑的那一瞬间，心就感觉要融化掉。

我是个简单的人，很简单的一瞬间我就会觉得很愉快，小小的温暖我都会想要紧紧地抱住，然后在记忆里珍藏着许多美好。

可我又是那么清楚明白的人，明白到一个眼神我都会觉得心灰意冷，一个转念我就知道事情原本是什么样子的，然后理智到自己都觉得很可怕。

我曾一直以为自己是一个对于感情什么都不在乎什么都能割舍的人，可以很强硬，也可以很无情，但是这一切，我都不忍心适用于你。

我没办法想象我们会分开，就像所有爱情故事的开始一样，我们的蜜月期很长，我希望它能一直延续下去。

而你，我希望我们的一百年约定永远奏效，我可以一直没心没肺地跟着你。

因为我打心眼儿里觉得你是那个 Mr.Right。

即使在一起的时候，会有那么多困惑、那么多委屈和那么多无奈。

但我要的只是我们可以从对方的角度着想，对彼此讲真话。面对问题的时候，是两个人一起去解决。

我也是渐渐才明白：喜欢是天性，与生俱来的本能。

但是爱，是需要学习的。

一段理智的感情，是两个人共同的成长。我会记得你一点一滴的付出和改变，会记得你给我的温暖。

我知道很多很多年之后，我会想起你给我唱“我不愿让你一个人”，我会想起你为我做饭的背影，会想起冬夜飘向远方的孔明灯，会想起你盛开在我窗台的烟花，会想起每天晚上的那一句晚安，会想起一向坚强的你为我闪烁的晶莹。

我依然相信，你就是我的光。守着我，爱着我，让我心生欢喜、哀乐。

两年了。我们经历的不算少，走过来不容易。

但是我知道接下来的几年、几十年，我们会经历更多的风雨，当然也会看到更多的彩虹。人生中的悲欢离合，再无奈，我们也要经历。

要用多久学会爱一个人？我不知道。

可能要用一辈子吧。

只希望，再过几年，我们可以相伴左右，再不分开。

就像钱钟书说的“从今往后，咱们只有死别，再无生离”。

最后，引用《圣经》中的一段话共勉，

看过很多对爱的阐述，还是觉得这是对爱最好的定义：

“爱是恒久忍耐，又有恩慈；爱是不嫉妒，爱是不自夸，不张狂，不做羞耻的事，不求自己的利益，不轻易发怒，不计算人的恶，不喜欢不义，只喜欢真理；凡事包容，凡事相信，凡事盼望，凡事忍耐。爱是永不止息。”

——《圣经·新约》哥林多前书十三章四节至八节

DR Darry Ring 寄语

那个对的人，就像透过你生命缝隙里照进来的光，令人对一切充满了期待和欢喜。有时候遇见一个人，将会改变你一生。你信吗？

16.
多少句“喜欢你”，才能换来一句“我爱你”

原作者/1121gaojia

改编/八十

喜欢一个人会持续多久呢？

曾经我很认真地说，如果喜欢一个人九十九次，那就是认真的。

1.

第一次喜欢你，是因为你爱看的动漫，是我喜欢的。

爱很奇怪也很简单，不过恰巧你看着我爱看的书，我便对你有了好感。

你会认真地把我不会的题目分析得仔仔细细，贴在卷子上给我。

你会在我想要听故事的时候，把我当成小孩一样讲给我听。PS. 虽然你讲得很烂。

你为了我的生日礼物，居然一改之前准时上课的作风差点迟到，说真的，我还从没见过那么晚到的你。

你对我说，你会一直陪在我身边，直到我找到喜欢的人。

我想到了《权利的游戏》中，野人女孩儿对雪诺说：“You know nothing.”

你这个笨蛋，你什么都不知道，凭什么这么说呢？

2.

第十三次喜欢你，是因为你每次都说了晚安等我睡着才睡觉。

从此我的夜，有了你的晚安才可以入眠。

在我考砸的时候，你总是搜刮来许多安慰的话给我。

在我不开心的时候，你总是买来旺仔牛奶哄我喝。

曾经我们在同一时间发短信给对方，让彼此都惊讶了许久。

打心底觉得，也许冥冥中就有一根线连着你和我吧。

最令人惊喜的，莫过于你想着他的时候，他也刚好在想你。

这些，比考出好成绩，或者中奖了都令人感到开心。

3.

第三十三次喜欢你，是你说如果按次数来算，你都不知道喜欢我多少次了。

可是你却从来没有对我说过一次“喜欢”、“在一起”之类的话，你说要等合适的时间到了。

我不知道什么时候才算是合适的时间，我只觉得，你说话的神情特别认真。

你给我讲题的时候，好像在哄幼儿园的小朋友——现在，我们来看 A 选项。

你跟我讲话的时候，总是很紧张显得傻乎乎的，让我忍不住想笑。

你很聪明，好像所有的难题到了你这里就变得像 1+1 一样简单，令我安心。

那么好那么优秀的你，让我也突然很想要成为一个更好的自己。

我期待着有一天可以站在光芒万丈的你身边，不用攀附，也不是包袱，

我们相互依赖，就已经是最大的美好。

4.

第五十次喜欢你，是我喜欢了你那么多次，可是身边都没有人发现哦。

于是我开始把身边的人和故事都一点点讲给你听。对，我诚心诚意地邀请你，进入我的生命。

我把我的委屈给你，把我的秘密给你，

我把我的快乐、悲伤，我的任性、脆弱给你，

我把属于你一人的昵称，把伤害我的理由，通通都给了你一人。

我也不知道了解我多一点点，你是会喜欢我多一点，还是讨厌我多一点。

我只知道，即使错，我也不想错过。

5.

第六十三次喜欢你，是我发现原来喜欢一个人，会慢慢地感知到他的存在。

只要有你出现的气息，我好像都能够感应得到。

这就是所谓的心有灵犀吧？

我总觉得，未来可以离我们很近很近，我想抓住此刻，让它变成永久。

原来梦见你的时候，我也是会赖床。

6.

第七十三次喜欢你，是我想要为你准备全世界的“我爱你”。

我认真地搜集了各个国家不同的“我爱你”，并且偷偷学会了不同语言的表达，只希望有一天可以站在你面前，对你全部都说出来。

这是我知道所有可以表达爱意的方式，所有的所有，我都只想说给你一个人听。

7.

第九十五次喜欢你，是你跟别人出去，都会先向我询问申请一声，虽然我还是很小心眼。

无论发生什么事，你都会告诉我，让我看到强大的你的背后，也有着令人心疼脆弱的一面。万能的你，也需要我在你身边。

我很在乎，你的在乎。

我很需要，你的需要。

8.

第九十八次喜欢。

我曾说如果喜欢你到第 98 次我就会停止，因为我想你是我最重要的朋友。

因为如果再喜欢，我们会不会连朋友都做不成？

可是，我不想要朋友，我只想要你呀。

9.

第一百次喜欢你，是你说我是唯一。你说过不会不要我，只爱我，一直爱。

10.

第一百零一次喜欢你，师孟峣，我爱你。

这是我送给你的礼物，我说了，第九十九次喜欢一个人才是真爱，还有一句，第一百零一次喜欢一个人，是白首不相离。

会有一天让全世界知道，这是写给你的101次喜欢，希望可以换来一句一辈子的“我爱你”。

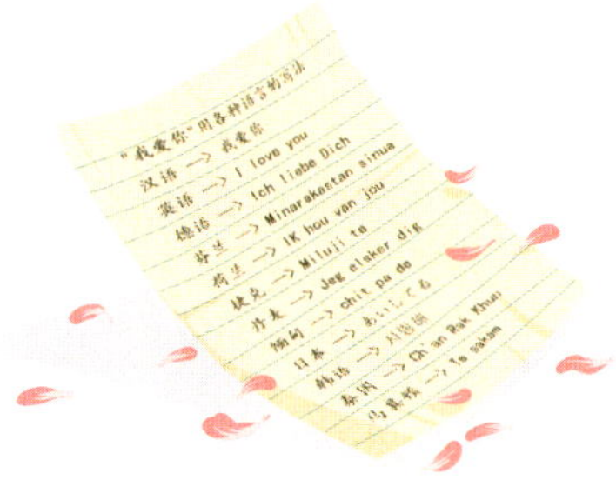

DR Darry Ring 寄语

你曾会做过一些小小的傻事吧，写满那个人的名字，细数他的每个细节，查看无数次的聊天记录，写下101次的喜欢。正是这些细微而真实的举动，才让爱显得单纯而执著。愿你永远都不要忘记，曾经为爱那么付出的你。

04 许一个你要的未来

PART

1.
婚礼上的一封信

改编 /Mango

亲爱的老公：

十年前，穿校服的你，让人心动。

同在一个班的缘分，让我认识了你。那时的你穿着蓝色校服衬衫，坐在我旁边的旁边。上数学课的时候不小心瞄到你在打瞌睡，头偏向了我这边。看着你熟睡的模样，那一瞬间竟有了心动的感觉。可能是看惯了你平常与人打闹的样子，此刻安静睡着的你，显得很少见。你也不会知道，我的视线从此停在了你这边。

九年前，分班后的我，对你的喜欢仍没有减少。

高二分科，我们不再同班。即使这样，你也常常在课间回来一起聊天。学生时期的你，还带有很多的稚气，现在想起来仍令人忍俊不禁。而我也经常在下课时装作路过你们班，偷偷往里看。有时见你趴在桌上睡觉，都会想起数学课上打瞌睡的你。见不到你，足以让我失落一整天。

八年前，你吃光了我的零食，我心里却很甜。

你去北京学画，我去法国做交换生，很难再见上一面。当你穿过大半个北京城来使馆见我，吃光了我的蛋卷和饼干，我虽嘴上埋怨，心里却很甜。只要能见到你，只要你开心，把我所有的零食给你都无所谓。

七年前，终于听到你说“喜欢”。

高考结束，我收拾好行李走出校门。回头往人群里望了望，你并未出现。也许，就此分别。高中结束，我的这一段暗恋也要终结。那时的我做梦都不会想到，出成绩那天，你说那个默默喜欢你的我，你很喜欢。那天对我来说，是最最特别的一天，因为有你的喜欢，我的高中有了个完美的句点。

六年前，再次分隔两地，最想念你的笑颜。

在一起之后，你去复读，我去济南读大学，无法常常见面。我们很少通电话，但是听到你在电话那一头的笑声时，我都很想陪在你身边。但现实却不能如愿，只能够在电话的这一端与你约好，一定要和我读同一所大学。你笑着说，一定！

五年前，千里寻妻，从此不分离。

你凭着一年的努力，实现了我们的约定——你考上了我的大学，美其名曰千里寻妻。我们常常在同学的注视和起哄下牵手吃饭，他们无不艳羡。而我也无比珍惜与你在一起的时光，因为有你在的每一天，都是那么特别。

四年前，你走进厨房，为我熬汤。

你系着围裙为我做饭，为我熬香浓的汤。没有和你说，汤的温度暖到了我心里。到现在我都记得，你做饭的时候那认真温柔的眼神。

三年前，你的陪伴，是我最大的动力。

大学毕业的我，面临着很多的选择和挑战，我脾气开始变得很差，但你一直陪在我身边，不停地安抚我的情绪。那一年是我的瓶颈期，但因为有了你的理解和陪伴，我很安心。也是在这段时间，你成功俘获了我家人的心，把宝贝女儿交给你，他们很放心。

两年前，迷恋你认真工作的侧颜。

我们的创业道路充满着艰辛与困难，但你从没有埋怨过什么。就算只吃清水面，也咬紧牙关一步步干。从那时起，我迷恋你认真工作的侧颜。你说只要我们一起努力，一定能够熬过去。因为是你，所以我选择相信。

一年前，梦想实现，一切清晰可见。

终于，在熬过了最艰难的日子后，我们的转机随之出现。我们领了红本本，一起畅想未来，以前一起描绘过的梦想，在此刻都开始变得清晰可见。

此时此刻，许下心愿，我们要走过无数个十年。

现在，我站在你身边，向你诉说着十年的点滴。希望今后的日子里，你多锻炼少抽烟，健健康康和我一起走过未来一个个十年。十年，二十年，一直到我们变成了老公公老婆婆，十年之约依旧不变。

——永远爱你的老婆

Darry Ring 寄语

走过十年的光阴，有情人终成眷属。在点点滴滴的记录里，看到的是长长的陪伴，而这，都是因为爱。祝福你们，祝福以后的每一个十年。

2.
以你之姓，冠我之名

改编 /Mango ·

“曾听说过，寻觅爱情，就像天与地别离和重聚过程。而我跟你，平静旅程，并没有惊心也没动魄的情景。只需要，当天边海角竞赛追逐时，可跟你，安躺于家里便觉最写意”。

在我心中，已经默默将《你的名字我的姓氏》纳入幻想中的婚礼曲。因为他喜欢张学友的歌，我才跟着喜欢上。

我们于十二岁相识，他是一个挺招人喜欢的男孩子，老师都爱拿他做榜样。而我，是个不爱说话的小胖妞，一直在努力学习，成绩却一点也没有提升。每当看到自己 60 多分的卷子我还会哇的一声哭出来。或许是看我实在太可怜，老师就把他调到我的旁边，让他在学习上多帮帮我。

这一来，他确实帮了我很多。而作为同桌，喜欢上一个人的几率不知不觉也大了很多……

当他在教我题目的时候，我的心也悄悄发生了变化。我常常会盯着他认真的眼神，看着他手中的笔在纸上来回写写画画，想着他怎么可以这么厉害呢。当我走神的时候，他就会拿笔敲一下我的脑袋，让我回神听他讲解，这时候我都会尴尬地嘿嘿一笑。

除了讲题外，他从不和我多说什么。在别人眼中只是个安静的“学霸”，可是在我眼里他就是个闪闪发光的人。他就像个勇士，斩获了每一道张牙舞爪的

难题，当他成功解开一道难题，我的崇拜就多了一分。

上了初中后，小女生们都已经开始注重自己的形象了。新潮的发型，裤子改成缩裤脚的，校服也改短了。而我，还是那个土土的，穿着宽松校服以掩饰体重的小胖妞。

因为喜欢他，我减少自己每天吃饭的分量，放学后去操场跑步。

因为喜欢他，我的成绩有了提升，只为了追赶上他的脚步。

因为喜欢他，我开始让自己变得好看一点，想让他看到他的身边还有一个我。

因为喜欢他，我渐渐地开朗起来，开始关注他喜欢的东西，每天都会聊得很开心。

而我发现，他的眼中也有了我的影子。有时候，他会放下手中的笔，打水的时候会捎上我的水瓶。有时候，他会在午休课上，将耳机的另一半分给我。在周氏情歌风靡的时代，他却喜欢听张学友的歌，耳机里的声音在温柔地唱着："一路上有你，苦一点也愿意。"

对一个人的喜欢，都是从他的光环开始的吧。但是真正让我继续绵绵不绝喜欢下去的，是他偶尔的冷漠，天生的偏执，不愿不懂示好的骄傲。那些别人都看在眼中的缺点，却无法制止我的喜欢，这样的他，才是最真实的。

当我看到自己的中考成绩能够与他同上一所高中时，我知道我的努力终于没有白费。忐忑了很久很久，终于向他表白。他在电话那边沉默好久，最后才冒出了一个"好"字。

这对我来说简直是天大的惊喜。我知道他一直那么努力学习是为了不再被人看扁，我懂得他那高冷的形象下其实也有脆弱的时候，我害怕他会以耽误学习的借口来拒绝我。但是他没有，他答应了我的告白。

后来的我们，躲过了老师的监视，或许也是成绩优秀，老师从不抓我们的早恋。

但是，终究还是影响了学习。有一次期末考，他的成绩甚至排在我的后面。我开始反思自己的问题，是不是自己最近黏他黏得太紧让他分心。

我开始躲着他，就算他在下课的时候就在教室门口等我，我也假装没有看见地走开。那天晚上，他在 QQ 空间里给我留言，是《每天爱你多一些》的歌词："当身边的一切如风，是你让我找到根蒂，不愿离开，只愿留低，情是永不枯萎。"看到这一句我就哭了。

想起他曾和我说过，在这善变的世界里，是我给了他不一样的温暖，所以他不能够再离开我。

自那以后，我们不再以学习成绩为借口。每当感觉到自己疲惫了的时候，都会做对方最大的依靠。在这一路上，他不仅仅是我喜欢的人，还是我的骑士，紧紧抓紧我，从不放开我，一路带着我前行。

后来的故事是，我们考上了同一所大学，再一次相伴在对方左右。

在大家充满羡慕的声音里，只有我们懂得这三年的不容易。也不是没想过放弃，可是当播放器里又开始播张学友的歌，都会唤起一幕幕的回忆。

我们都明白对方的重要性，我曾和他说过，有你是一种生活，没你又是一种生活，我还是喜欢第一种。他沉默了一会儿，说，有你是生活，没有你只是活。

“也许轮回里早已注定，今生就该我还给你。一颗心在风雨里飘来飘去，都是为你”。

他不曾说过多少甜蜜的话，但是那些情歌，早已是我们心中无言的情话。我心中期待的婚礼，是戴着 DR 钻戒，奏响《你的名字我的姓氏》，与初恋的他在一起，以他之姓，冠我之名。

Darry Ring 寄语

相爱的两人，总是喜欢将两个人的名字写在一起，如此简单，就可以开心许久。我知道总有一天，当你的配偶栏里，郑重地写下我的名字时，那一定是一辈子最浪漫的事吧。

3.
你用五年，换我一生

原作者 /-- 亲爱的

改编 /Candy

在这世上孤军奋战二十年，有你在身边已四年。

我估摸着这一辈子的路还很长，未来如履薄冰，可是你一出现，就给我带来了许多希望。内心所想，其实是，我并不需要你给我很多，我只想要当我走累的时候，能够靠在一个温暖的怀抱里，仅此而已。

与你相识，是因为一次关心留守儿童的活动，那么有爱又帅气的男生，让我忍不住一看再看，完全变成了你的迷妹。和你说话时，我习惯仰起头看着你嘴边的小酒窝，心里想着一个男孩子怎么可以长得这么秀气。

那个夜晚，漫天星辰，我们在院子里坐了一个晚上，其他小伙伴都已经散去，只剩下我们两个，百无聊赖的少女少男，无非是聊着心事，说从前，谈未来。

那时从没想过未来有你和我一起生活。对于后来能够走到一起，这一切都不在我的意料之中，只是刚好发生。

也许是时间刚刚好，也许是当时的氛围刚刚好，或者是你和我之间刚刚好那么默契。

我们本来都像一杯普通的白开水，但是遇到喜欢的人时就会变成雪碧。当你的手臂在不经意间碰到了我，当我的眼神对上了你的眼神，当我们在一件事情上有了同感，我的心里就在不停地冒泡儿，滋滋滋地抑制不住，心里只剩下甜甜

的感觉。

在你出现之后，你就不曾离开过我的世界。

渐渐地，我开始感觉到你的好感。

习惯每天都有你的电话，习惯你准时轰炸的短信；

习惯当我生病时听你的唠叨，嘱咐我按时吃药；

习惯你每天晚上跟我说晚安，偷偷看了许久的聊天记录；

习惯你对我温柔地说话，把我当成一个孩子；

习惯你占领了我心中的位置，谁也替代不了。

在一起后的一个月纪念日，你给我写了一封情书，也给了我一个承诺。

你在信里面写着："丫头，我们 5 年后结婚吧。"

信的结尾是，新郎：李攀（小彡）新娘：（空白）

仿佛一张结婚证书，我签上了自己的名字，将这封情书补充完整。

幼稚得不行的"结婚证书"，直到今天，我都好好收藏着。年少的这个承诺或许太过郑重，可是因为是你，我就觉得它一定会实现。

不管与你在一起是一个月还是四年，凡是喜欢一个人，就会在意你说过的每一句话，会听你喜欢听的歌，会为了和你看新上映的电影，特意去补看完以前的电影。

因为你的出现，我才发现喜欢一个人不仅是有开心的时光，还有因为喜欢引发的醋意，但是没关系，吃醋只能证明我真的无敌喜欢你。

甜蜜的校园时光在毕业季后宣告结束，我们开始了两年的异地恋。

为了给我更好的生活，你毅然选择了远方，去追逐更大的梦想。

我放手让你离开，因为我知道，你的终点是为了回到我的身边。

虽然你不能在我难过的时候给我一个大大的拥抱，我不能在你开心的时候跑到你身边一起庆祝。没有了手机，我们甚至会找不到彼此。

但是在这两年里，我学会了独立，感受到了我们的成长。我们不再是那个懵懂的大学生，而是学会了承担，学会了为对方着想。

我不喜欢一个人坐车，不喜欢在路上颠簸的感觉，

可是因为你，车站成了我最希望和最盼望去的地方，因为那是你归来的地方。

虽说异地恋很苦，可我明白，我们不过是换了个地方相恋，你在那里，我在这里，我还是一直喜欢着你。

明年五月，就是我们约定的第 5 年。

为了向家里人证明你可以给我更好的生活，为了存钱给我买一枚大钻戒，

你在外面奔波了那么久，终于等到你说，明年就回来结婚。

那些不经意的瞬间，我都感受到了你的真心诚意。

你会找借口量我的手指尺寸，会问我什么样的婚纱哪种风格好看，会拿着微博上 DR 钻戒的各种戒指款式追问我：“喜欢定制的吗？刻字好不好？”

看着你精心准备的样子，我已经开始被你的细心感动。

与你在一起的四年里，我明白了这世界上从来没有完美的恋人，只有在慢慢的磨合与相处中，两颗心才能做到适应对方的一切。我们从一开始的开心得冒泡儿，到现在只想安下心来，过着白开水一样平淡的生活。

你让我相信，只要我们的心靠在一起，就能不管外面的世界风吹雨打，因为我们还能互相取暖。

DR Darry Ring 寄语

一个爱你的人，会在你面前露出最单纯的笑容，也会为了给你一个家而在外面打拼，更难得的是，他能够守住五年前的承诺，给你一个美满的未来。以后的幸福日子，让 DR 钻戒与你们一起见证！

4.
张三的歌

改编 /Mango

“我要带你到处去飞翔，走遍世界各地去观赏……”

初次见面时，我们都还是大学新生，一场迎新晚会将我们拴在了一起。当时我们都被选为表演人员，你唱《张三的歌》，我负责吉他伴奏。我坐在你的身后，看着你的长发披肩的背影，听着清冽的歌声，一时之间思绪有点恍惚。

我想起排练的时候，你问我：“你知道《张三的歌》里，张三是谁吗？”

我摇摇头，这首歌虽然听过很多遍，但是我都没有去想过这个问题。

“张三就是我们，他代表我们每一个人。这也是我喜欢这首歌的原因，每一个人，平凡的也好，伟大的也好，都可以到处走走逛逛，看世界的美好。我的愿望就是能和喜欢的人一起，飞到那遥远地方看一看。”你笑了，你的眼睛也笑了，那里面就像有光一样，吸引着我，让我挪不开视线。

那一瞬间，我问自己，我的愿望是什么呢？

迎新晚会之后，我们交换了联系方式，开始经常聊天。共同的音乐爱好也让我们越走越近。我还记得表白的那天，我弹了《张三的歌》，告诉你：“我的愿望是，和你一起飞到那遥远地方看一看。你愿意和我一起飞吗？”

你点点头，从此就开始了我们两个人的旅程。那一年的寒假，我们计划了

两个人的第一趟旅程——去北京。也许因为是第一次两个人一起出游，现在想起来，北京之旅的一切还是历历在目。

对于生长在南国的我们来说，北京是一个熟悉又陌生的地方。熟悉是因为从小在电视新闻里经常看到和听到，陌生则是因为从地理位置来看北京确实是远方。

我们的行程一开始并不顺利，首先经费是个问题。我们的生活费都不是很多，一学期花下来其实所剩无几。所以那一次，我们买了火车卧铺票之后，两个人啃了一个月的包子。那时候最开心的就是看到你偶尔回家之后带回学校的饭菜了。虽然那一个月生活单调得似乎只剩下包子了，但心里还是觉得满满的，充满了期待和雀跃。

还记得在火车上度过的那一晚，我们聊了很多，后来你静静地靠在我的肩膀上睡着了。我想看看你睡着的样子，但是又不敢动，只能小心翼翼地闻着你头发上洗发水的清香。那一刻，我想让时间停止，让你一直这样依靠着我。

在北京，我们去了很多以前只在电视上看过的地方，也吃了很多小吃，驴打滚，烤鸭，豆汁……和你在一起的日子，都是新鲜而美好的，偌大的北京城里，我们相互依靠着，这种感觉我永远都忘不了。

在王府井的人群熙攘中，你说："虽然你不高不帅，但我就是中意你。"我窃喜着拉起你的手，疯癫一般走了好久。流光溢彩的王府井，有着看不够的美景，数不清的游人。但是在你说了喜欢我之后，我眼中的美景只有你。

在玉渊潭，我们置身满园樱花中，环绕一潭湖水，什么也不说只默默牵着手散步，就觉得很满足了。

北京之旅后，我们还去了很多很多地方。在哈尔滨索菲亚大教堂，我们一起看夕阳渐薄，白鸽环抱；在青岛情人坝，我们并坐观海，帆船忽远忽近，海浪拍岸声声。在辽阳的白塔寺，我们看松柏隐隐，烟雾氤氲……

我们去过许多喧嚣或者安静的城市，每一处缺少了你的风景，在我眼里都不算美丽。我们携手走过的地方，印刻着两个人的脚步，也见证了我们的爱情。

在这里，我要再次向你表白：爱就是，我们曾经走过的、每一个无法用言语轻易描述的旖旎风光。爱就是，我们携手正在奔走的、每一个无法用尽所有形容词修饰的绚烂季节。爱就是，我们一起吟唱的《张三的歌》："我们要飞到那遥远地方看一看，这世界还是一片的光亮。"

Darry Ring 寄语

牵着你的手，走遍世界每个角落，看每一个日落日出、每一次云舒云卷，感叹再美的风景，都不及你在我眼里的美。在一起的人，总要牵着手，走向远方去看看，走到一生一世的尽头。

5. 青春渐老，幸好我还有你

改编 / 南西

你用尽年少青春爱上我，此后我便用余生来爱你。

——阿狸与桃子的爱情故事

那年，我 14 岁，你 17 岁。

记得 14 岁时，父母在武汉开五金店，每次放暑假时，他们就会从老家把我接过来。一次，我坐在店里写作业时遇到了你，当时你的工作是众多的供应商指派来给我们家送货的业务员。说起第一印象，至今我还记得，你红了一脸，结结巴巴问一些问题时那模样真的很搞笑！你对我的爱情是从那个时候开始的吧，可是当时的我还小，满脑子不是哆啦 A 梦就是百变小樱，不然就是讨厌的数学题，那时的我根本不懂爱情啊。

后来，你告诉我，我是你年少青春的一个梦，那我希望是最美的一个梦。

那年，我 19 岁，你 22 岁。

19 岁那年，我回武汉上班，那时你 22 岁，还在武汉，大家见面的机会比以前多，可是我还是不了解你。你让你嫂子探一下我父母的口风，我爸直接回绝了，这件事从头到尾我也不知道。只知道那一年夏天过后，看见你的机会越来越少了。

直到 2013 年那天，你再一次来我家送货，我看到你戴的一块手表，随口开了一个玩笑，你二话不说就把它取下来送我。那个下午，我们说了很多很多的话，好像一辈子都讲不完一样。记得你走的时候，我叫住了你："很高兴再见到你。"

隔天，我从爸爸的手机里找到了你的号码，想要把手表还给你，没想到你竟然在电话的另一头说你喜欢我，而且整整喜欢了十年！

我听了非常惊讶，但也非常感动。我对你的爱情，是从那个时候开始的吗？

那年，我 20 岁，你 23 岁。

20 岁那年，我告诉父母我们俩的事，却招来我家里人一致的反对。可能因为你是外地人，家境并不富裕，我真是急哭了。可是你说，只要给你时间，你有信心让他们点头答应，我又笑了。爱情就是这样，上一秒叫人哭，下一秒又叫人笑。

记得有次晚上我肠胃炎犯了，你把药送到我楼下的时候，都已经是十一点多了。你说你太着急了，撞到别人车赔了 500 元，说起这件事的时候还一脸傻笑。

听完我立刻抱住你，那一刻我知道不管谁反对，这辈子我都要和你在一起。隔天你跑去跟我爸说，你会在武汉买房！当时的你，真像个勇士。

我遇见了你，我才遇见爱情。

今年，我 23 岁，你 26 岁。

我们一结婚就成了房奴，可是没关系。看你把这几年存下来的工资付了首付，看到你为了我戒烟，不喝酒，你不舍得为自己花钱，但对我从不吝啬，花了工资不是给我买这个就是那个……

我想，别小看我，我可能吃苦了。其实只要是你，别说做房奴，没钱没房我也愿意。

结婚的时候，你说没有婚纱，没有宴席，结婚戒指总是要有的，你执意要买。

如今，戴一生只送一人的 DR 钻戒，嫁最爱的人，我的梦想成真了！

DR Darry Ring 寄语

嫁的那个人不一定要会甜言蜜语，但一定要有好的脾气；嫁的那个人不一定要多才多金，但一定要有一颗专一的心。还有，姑娘，你嫁给爱情的样子，真的很美！

6.
我每一次鼓起勇气的主动，都为换来你一生不离的心动

原作者 / 幸福灵溪

改编 / 被窝里的一只袜子

不记得谁曾说过：“我主动，你不主动，你不主动，我也不主动，然后就没有然后了”。

所以一直在想，自己最幸运的事情大概就是——

我主动走向他时，他伸出手拉住了我，从此我们就有了数不尽的“然后”。

那时候，我高二，他高三，正是适合谈一场“学霸恋爱”的最佳时段。

所谓学霸，谈恋爱的最高境界当然是——学习恋爱两边跑，成绩泡妞两不误。

结果成绩没误，他却被我这个妞给“泡”了。

Part 1

“你把自己借给我做什么？借给我一辈子啊？”

高二的时候，学校订的书不够，老师让我们自己跑去高三借书。

于是我只好向我的发小小鱼姐借数学书，而他刚好叼着面包踢踢踏踏往回走，路过的时候撇了我一眼，坐回小鱼姐的同桌位置。

他撇我一眼的那一刻，我觉得自己真是仿佛被按了暂停键一样啊，世界静止，他的慢镜头回放。

回过头来，我发现只是自己被他按了暂停键，幸好没人发现我内心像个傻子一样雀跃。

想问小鱼姐借两本数学书，结果她只有一本。

真的没想过，他那时候居然看着我说了一句“我借给你吧，我不用的”。

也许是他的长相刚好可以戳中我的荷尔蒙，我觉得他帅极了，尽管身为他同桌的小鱼姐对此嗤之以鼻。

想到那句“人不风流枉少年”，我决定主动出击。

一向被动、拖延症晚期的我，居然在追他这件事情上展现出了雷厉风行、说干就干的气势。

管发小要他 QQ、电话，加他 QQ 的时候为了掩盖我的别有用心与图谋不轨，我特意在验证消息敲了字："借你的女生！"

为了继续与他的联系不断档，又写了一封感谢信，署名"借你的女生"。

哇我写错了啊！

后来在一起很久以后，有一天，他一句话就把我问懵了——

"你把自己借给我做什么？借给我一辈子啊？"

……月老一定是故意让我在那天智商掉线，少写了一个"书"字的。

Part 2

主动追到他让我暗爽了一把。

但他这种"仿佛是故意让我泡到"的感觉是怎么回事？

每一对情侣都有属于自己的情人节——纪念日，而我们两个的情人节，就是每个月的 14 日。

2010 年 13 日半夜 11:58 分，我听到他在听筒里轻声问了一句："你是不是认真的？"

我是认真的，我当然是认真的好吗！

我想对你说——

我自打那天被你迷惑得五迷三道之后，就开始让发小天天在你面前"洗脑"说我的好话。

我只要课间有时间，第一件事就是沿着走廊直上四楼跑到你们班蹲点儿，只是为了多看你几眼。

我频繁以借书为由找你，只是为了多和你说几句话。

我体育课翘课许多次，拉着朋友跑到四楼打热水，只是想在晃过你们班时偷窥一下你的侧脸。

我还为了追你，去超市里买了一星期的牛奶，打算送一个月，一天一瓶——结果你的答应让我措手不及啊，我还没送出去呢！

“你和我在一起就知道我是不是认真的！”这句话不假思索就这样说出来了。

然后就听到他轻笑一句：“我们在一起吧”。

他肯定不知道，我听到这句话以后，整个人都“治”不好了，整个女生宿舍都能听到我又跑又笑的激动声音，逢熟人就说：他答应了！

我后来经常弄不明白我们在一起是算 13 号还是 14 号，结果他十分肯定地说：“14 号 0 点 01 分”。

所以这好像有备而来的感觉是什么情况？

主动追到他的确让我暗爽了一把。

毕竟那时候大概感觉自己像追偶像一样追到了一个男神。

但他这种，嗯，“仿佛是故意让我泡到”的感觉，究竟是怎么回事？

Part 3

“我还有一只养不大的猫，要养一辈子呢，没有女生会愿意和我一起养的。”

我第一次吃醋的事到现在也不能忘记。

那天他跟我说，他的婶婶要给他介绍女朋友。

……我心里气炸了，你怎么不告诉婶婶你有女朋友了啊！

我于是赌气地喊他："你去相亲吧！"

他却噗嗤笑了："怎么办，可我和婶婶说，我还有一只总也养不大的猫，要养一辈子呢，没有女生会愿意和我一起养的。"说罢，一边温柔地刮了一下我的鼻子，一边凝视我。

猫？我？一辈子？

这设定虽然很"养成"，但他的情话技能着实让我受用。

我和他的故事还有许多，5年来，有过争吵有过不安也有过父亲的不理解，可直到他快大学毕业，幸福也依然没有溜走。

他生病的时候我天天去医院报到，他躺在床上笑着说："等我好了要带你去黄山"。

他为了我那句"我想你了"，从南京到盱眙赶上了最后一班车。

高考从考场出来时看到他一直在等我，带他回家见父母，为了得到父亲的认可他做出了很多努力。

毕业季总会有许多情侣分手。

他看出我的杞人忧天，摸摸我的头说："我们一直在一起吧"。

一瞬间热泪盈眶，不知所措。

我只好也学着摸摸他的头："我们谈一场不分手的恋爱吧"。

"你，知道 DR 吗？"他抵住我的额头贴近问。

我那时对 DR 一无所知，摇了摇头。

"等我们结婚的那天，我想亲手为你戴上 DR 钻戒"。

回去上网搜了一下，才知道是什么意思。

——男士一生仅能定制一枚。

原来，他给了我一生唯一的承诺。

我真的很幸运，主动走向他时，他伸出手拉住了我，从此我们就有了数不尽的“然后”。

这一次，我要鼓起勇气主动求婚了，你会对我心动一生么?

DR Darry Ring 寄 语

很甜蜜幸福的爱情，祝福你的求婚顺利。身为女孩的你，鼓起勇气追男孩，要给一个大写的赞。如果碰到这样一个值得相爱一生的人，为什么不主动呢？他每一次热烈的心动与回应，都是对你主动追求的最大鼓舞。DR 君祝福你们一生相爱，幸福相守。

05 有你执手，一生余香

PART

1.
谢谢你，让我占领你的一生

原作者 / 涵

改编 / 被窝里的一只袜子

我爱的人，我要能够占领他整个生命，他在碰见我之前，没有过去，留着空白等待我。

——钱钟书

很喜欢这句话，像是一个理直气壮的爱人对此生唯一的伴侣在宣告所有权。当然我最喜欢的，还是这句话——从一而终，从生到死的感情立场。而我想讲述的，就是这样一个关于我的爷爷和奶奶的爱情故事。

岁月没有磨光他们的爱情，他们的爱更增添了优雅与恬淡

那一天，是他们的六十周年钻石婚纪念日。

他的头发已经稀疏，两鬓斑白，曾经坚韧的目光如今变得和蔼温润。嗯，结婚 60 年了，他要写点什么来纪念一下和她度过的这些日子。他晃晃悠悠地背着手在书房里作对联，笑呵呵地听着外面老伴对小孙女的调侃："你爷爷说要创作点东西，也不知道能写出什么花样来！"

"风雨同舟共济，相濡以沫，含辛茹苦，子女有志皆独立，有孝心育和睦后顾无忧虑，牢记谨慎低调心相连，经历坎坎坷坷艰难走过六十春——可喜。

冷暖相伴共度，知足常乐，勤俭持家，儿孙有福过小康，尽孝道呈祥瑞前程更美好，切勿高调张扬手相牵，道路弯弯曲曲顺利步人钻石婚——可贺。"

那一天，是很重要的纪念日，她想和他拍一张照片放在身边，身后也可以埋在土里带走。

她听到小孙女调侃自己还抹口红，于是也顺着自嘲："老了老了照个相还化妆！你看我手里拿的这把扇子，是因为我太胖扣子扣不上！得挡挡！"心里却有那么一点儿惆怅，自己年轻的时候也算是个俊俏姑娘呢。这时就听小孙女对着自己那口子说："奶奶再胖，爷爷也不能和你离了啊，是吧爷爷？"

回头一瞧，就见他正拍胸脯打包票地表态："那可不能离！坚决不离！"

她看见他的目光，虽然笑得戏谑，眼神却依旧那么坚定，让她想起了 60 年前她嫁给他的时候，他也是这样的目光。

爱越简单，情越长久

66 年前，她的家庭虽然称不上什么地主家庭，但父母做起的生意和买卖也足够支撑一家悠闲度日。她的叔叔也有一家小小的食肆。而她认识他，就是在叔叔的小店里——那时他是伙计，她算是东家的小姐。

她第一眼见到他时，他在招呼客人。肩搭汗巾，来来去去地忙碌。

第二眼，她去找叔叔，结果路过走廊时不小心撞到他，他轻托了一下她的手腕，看了她一眼立刻低头走掉。

后来，她发现每次去店里都会遇见他，他每次都很忙碌，但每次都会从她身边经过。

他们基本没有说过话，他们在同一间厅堂里，他忙他的，她聊她的。

接着就是新中国刚成立的那段日子，父母认为他忠厚老实，为了安稳便把她许配给了他。

订婚以后更加不敢说话，直到结婚那天。

她涂着正红色的口红，他从父母手里接过她的手，神情坚定。

于是她懂了。

她听到小孙女又在问她后不后悔嫁给他了。

她是怎么说的来着?

“凑合吧！反正这一辈子除了他也没别人！”

笑呵呵地看着小孙女，从那一刻看懂他的眼神开始，她就再没有后悔过。怎么可能后悔呢，她心里这样想。

他笑得满脸褶子，赶紧在她和小孙女面前表态：“那可不后悔”。

她于是也笑出了满脸褶子。

他从未对她说过相爱一辈子，却一辈子都在与她相爱。这么简单，这么深情。

有一种爱情，悄悄躲藏在时光的每个缝隙里，看似平静不起波澜，盛起来却发现哪一捧都是爱。

岁月带给她的不仅是容颜的凋零，也带来一些病痛。她很早以前就有腰间盘突出，腿也开始不利索，一弯腰就像被针刺了一样疼。

他不知从何时起，每天晚上默默给她洗脚。调好水温，用手试探一下温度，端到她的脚下，然后拿起准备好的磨脚石和毛巾，先将她的双脚轻轻放在水中泡一会儿，再慢慢为她搓脚，搓完再泡进水里洗，洗完再搓，反反复复，直到十分整洁为止。他知道她喜洁，怕她难受，总是一个脚指一个脚指地用毛巾帮她擦干，年岁大了，动作十分缓慢。

那个时间他们总是一句话也不说，水波里的涟漪泛起声响，好像有什么将时光变得缓慢一样，屋子里安静而美好。

她望着他的目光安静而温柔，想起了三年自然灾害的艰难，他扎紧腰带自己多饿一顿也要把食物留给她；想起了文革岁月，他和她每日念着语录，却从未互相背叛；想起了父母去世的葬礼，他紧紧抓住她的手支撑着她……想起了很多很多。

我的奶奶，她从没有穿过婚纱，也没有戴过戒指，但对于她来说，只要他一辈子都陪伴她，柴米油盐酱醋茶，足矣。

我也想在未来的某一天，找到这样一个可以给我戴上 DR 钻戒的那个人，像爷爷奶奶一样白首到老，可以对他说一句：谢谢你，让我占领你的一生，碰见我之前，没有过去，留着空白等待我。

DR Darry Ring 寄 语

有一种爱一直云淡风轻，却经得起世事变幻。有一种爱简单质朴，无需言语却彼此知心。你的爷爷奶奶的爱情故事看似平淡，只有生活没有浪漫，但我们真的理解不了他们的爱吗？他们的婚姻奉父母之命，媒妁之言，他们的爱情简单质朴，全部揉碎了洒落在生活里，无论你看到哪一段，全都是温暖的爱。有时候，爱得越简单就越纯粹，两个人的感情就越长久呢！DR 君祝福这对老人身体安康，平顺和美。

图书在版编目（CIP）数据

爱你，我敢说一辈子 / Darry Ring著. -- 北京：电子工业出版社，2017.5

ISBN 978-7-121-31102-4

Ⅰ.①爱… Ⅱ.①D… Ⅲ.①爱情－通俗读物 Ⅳ.①C913.1-49

中国版本图书馆CIP数据核字（2017）第053914号

策划编辑：白　兰
责任编辑：张　铁
印　　刷：中国电影出版社印刷厂
装　　订：中国电影出版社印刷厂
出版发行：电子工业出版社
　　　　　北京市海淀区万寿路173信箱　　邮编：100036
开　　本：889×1194　1/24　印张：10　　字数：250千字
版　　次：2017年5月第1版
印　　次：2017年6月第2次印刷
定　　价：45.00元

凡所购买电子工业出版社图书有缺损问题，请向购买书店调换。若书店售缺，请与本社发行部联系，联系及邮购电话：（010）88254888，88258888。

质量投诉请发邮件至zlts@phei.com.cn，盗版侵权举报请发邮件至dbqq@phei.com.cn。

本书咨询电邮：bailan@phei.com.cn 咨询电话：（010）68250802。